Jelena Katić

So ißt man in Jugoslawien

Zeichnungen: Gordana Jovanović
Einband: Hans Roßdeutscher

Hergestellt im Auftrag
der Verlagsgruppe Bertelsmann GmbH
Gütersloh, Berlin, Wien
von
© Mladinska knjiga, Ljubljana/Jugoslawien 1971
Gesamtherstellung Druckerei ZGP Mladinska knjiga, Ljubljana

Bestell — № 195—4124

Inhalt

Jugoslawien
ein Land zwischen zwei Welten

Dieses Kochbuch sollte eigentlich Auskunft geben über Geschmack, die Mannigfaltigkeit und Ursprünglichkeit gastronomischer Gewohnheiten, Erfahrungen, Neigungen und Überlieferungen des jugoslawischen Menschen. Da es nun aber weder einen typischen Jugoslawen noch ein typisch jugoslawisches Volk gibt, so mußte auch diese Sammlung objektiv die Tatsache widerspiegeln, daß wir es hier mit einem Lande zu tun haben, auf dessen Boden sich jahrhundertelang die Einflüsse zweier verschiedener, durch Glauben und Geschichte verfeindeter Welten, konfrontierten. Wir können es also der Spaltung in das Oströmische und Weströmische Reich – die in der einen oder der anderen Form bis auf den heutigen Tag andauert – verdanken, daß wir an den Tafeln zeitgenössischer Serben, Mazedonier, Bosnier und Herzegowiner vorwiegend türkisch-levantinische Eßgewohnheiten wahrnehmen, während die Slowenen und Kroaten und alle anderen, die sich jenseits des Walls befanden, von dem aus sich das christliche Europa gegen das osmanische Vordringen verteidigte, mitteleuropäische und latinische Ernährungserfahrungen teilen. Das ist auch kein Wunder: die östliche Hälfte des Jugoslawiens von heute wurde fünf Jahrhunderte lang vom mächtigen Islam beherrscht, während das Schicksal der anderen Hälfte in den Händen der Germanen, Ungarn und Latiner lag.
Dies ist eine leicht begreifliche Erklärung dafür, daß die Jugoslawen essen wie sie essen. Man muß auch berücksichtigen, daß sich einzelne Gebiete rascher entwickelten

als andere. Obwohl es aus mittelalterlichen Wandmalereien ersichtlich ist, daß die Gabel am Hofe der Nemanjic-Dynastie schon gebraucht wurde, so fand sie doch erst 150 Jahre später den Weg zu breiteren Schichten in Serbien, und noch 150 Jahre dauerte es, bis sie in jedem Bauernhaus vorhanden war. Mit Ausnahme der Großstädte und Burgen, der Klöster und türkischen Chans sowie türkischer Beamtenhäuser wurde in Serbien nur gegessen, um das nackte Leben zu erhalten.

Zur gleichen Zeit aß man im unabhängigen Dubrovnik und in den Küstenstädten und in Slowenien – und nicht nur an den feudalen Höfen – schon aus Vergnügen. Wenn auch nicht so üppig und verfeinert wie in den Zentren europäischer Macht.

Die Verfasser von Reisebeschreibungen zeichnen gewöhnlich das Vaterland von zwanzig Millionen Jugoslawen als eine Gesamtheit bestehend aus drei Glauben, zwei Schriftarten (lateinisch und kyrillisch), vier Sprachen, fünf Nationen und sechs Republiken. Doch ist es ein Irrtum, nicht zu sehen, daß dieses Volk ein harmonisches Mosaik bildet und daß seine Menschen heute ein gemeinsames Schicksal teilen. Die Mannigfaltigkeit der jugoslawischen Landschaft, seiner Architektur und Folklore und seiner kulinarischen Kunst ist für den ausländischen Besucher immer ein aufregendes Erlebnis.

Jugoslawien ist ein eindrucksvoller Archipel zahlloser ethnischer Inseln, deren Charme der Magnet ist, der jedes

Jahr Millionen von Touristen aus der ganzen Welt anzieht. Es ist ein Land, das Alpen hat, eine, ihrer Schönheit nach, unübertreffliche Küste und ein wahrhaft wunderschönes Meer. Es gibt dort reißende Gebirgsbäche, breite und träge Flüsse, Gebirgsseen, nackte Felsen und Urwälder. Türkische und mittelmeerische Städte mit Meisterwerken der Architektur, alten Fresken und alten Grabsteinen. Dies Land hat seinen Osten und Westen im kleinen, denn seine Straßen waren die Wegkreuzung für Karawanen und ein Schlachtfeld für Invasionen.

Darum ist es natürlich, daß die Speisekarte eines solchen Landes nicht nur die ganze Buntheit, sondern auch gewisse – so hoffen wir wenigstens – authentische unwiederholbare Akzente setzt, die etwas von dem jugoslawischen Klima und vom jugoslawischen Temperament zeigen.

Dieses Buch ist in fünf Kapitel eingeteilt, um Typisches, Verwandtes und Einmaliges von fünf homogenen Gebieten auf annähernd gleiche Weise hervorzuheben.

Slowenien

Wenn Sie Slowenien besuchen, werden Ihnen zwei Dinge sofort auffallen: die Slowenen leben in einer paradiesisch schönen Gebirgslandschaft, die sie von ganzem Herzen lieben und verherrlichen, und sie sind allen deftigen Genüssen einer guten Küche aufgeschlossen.
Zu jedem Wochenende steigt fast die Hälfte der gesamten Bevölkerung hinauf in die Berge, vor allem in die Alpen. In der letzten Zeit ist allerdings an die Stelle der Kletterlust immer häufiger die Drahtseilbahn und der Sessellift getreten, und es wird auch der gerechtfertigte, obwohl

nicht bewiesene Verdacht gehegt, daß die Zahl derer, die bei einem guten Gläschen Wein und einem guten Bissen in Alpinistenheimen sitzen, größer ist als die jener, die die göttliche Natur und den herrlichen Ausblick genießen. Aber das eine muß ja nicht das andere ausschließen.
Wie dem auch sei, wenn Sie die Alpen besteigen oder sich zum Bled- oder Bohinjsee begeben, oder wenn Sie das paradiesisch schöne Soča-Tal besuchen oder die alten Städte des slowenischen Küstenlandes, so werden Sie sich davon überzeugen können, daß Slowenien für Jugoslawien dasselbe ist, was die Schweiz für Europa, wobei jeder Vergleich zugunsten Sloweniens ausfällt. Die gut erhaltenen Städte haben ihre alte Patina und Architektur bewahrt. Fast alle Burgen und Klöster sind Museen, und so ist es natürlich, daß die Slowenen ihre alten Nationalgerichte auch heute noch schätzen. Diese sind nicht nur als Aufzeichnungen in Büchern und Museen erhalten, sondern auch auf den Speisekarten in Restaurants und Gasthäusern. Meistens sind dies Bauernmahlzeiten, Gerichte von Leuten, die in Wäldern leben, Mahlzeiten der Viehzüchter und Holzfäller, und demnach derb, aber gesund und schmackhaft. So wie eines der beliebtesten Nationalgerichte Sloweniens, das man in Straßburg als elsässische Spezialität bezeichnet oder es unter demselben Namen in einem französischen Restaurant in Oran oder Phnom Penh wiederfinden kann. Es ist Sauerkohl mit Würstchen oder mit geräuchertem Schweinefleisch.
Um aber jeden Irrtum zu vermeiden: die Slowenen zieht es nicht nur in die Höhen der Berggipfel. Das Netz der modernen Verbindungsmöglichkeiten bietet ihnen die Möglichkeit, an einem Nachmittag, nach einer Fahrt von wenigen Stunden, nach Italien oder Österreich zu gelangen. Die Nord- und Westgrenzen werden jährlich von zehn, zwanzig oder sogar dreißig Millionen Menschen in beiden Richtungen überschritten. Durch seine Lage ist Slowenien ein großes „Europator", und da es die am weitesten entwickelte Republik Jugoslawiens ist, ist seine Bevölkerung kosmopolitisch ausgerichtet. Die Slowenen sind sprichwörtlich vernünftig, sie besitzen einen sehr

entwickelten Sinn für Organisation und planmäßiges Handeln. Sie sind ohne Vorurteile, der ganzen Welt gegenüber offen, aber verbissen, wenn es um die Verteidigung einer slowenischen Sache geht, und sollte es sich nur um ein Pilzgericht, um ihren (säuerlichen) Wein „cviöek" oder um Krainer Würste handeln.

Ländlich und deftig

Einführung in die slowenische Küche

Von den in Slowenien häufig zubereiteten Gerichten, die sich von den Speisen aus anderen jugoslawischen Gebieten unterscheiden, wollen wir an erster Stelle die verschiedenartigen „fleischlosen" Suppen erwähnen. Sie werden aus Pilzen, Kartoffeln, Gerste und allerlei Gemüsen zubereitet. Besonders beliebt sind Milch- und Käsesuppen.

Die Suppen aus *Prekmurje* zeichnen sich durch reichliche und verschiedenartige Gemüsezutaten aus. Sie sind üppig, und man spürt dabei schon den Einfluß der Donauländer.

Sara ist eine Suppenart, die besonders in den Alpengebieten und im Trenta-Tal zubereitet wird. Diese Suppe wird aus Rauchfleisch oder aus Schweinefleisch, mit viel Grünzeug (Möhren, Rüben, Kohlrabi und Kartoffeln) gekocht und als Hauptgericht aufgetragen.

In den Gegenden, wo die Viehzucht entwickelt ist, werden viel Milch-, Käse- und Sahnesuppen zubereitet.

Außer den Suppen wird auch gern gekochtes Fleisch mit einer Soße (sog. Eingemachtes) gegessen. Die Soße wird aus verschiedenen Fleischsorten zubereitet, und als kennzeichnende Würze gilt Weinessig oder Wein und Majoran. Dazu serviert man häufig Buchweizenbrei oder Hausnudeln.

In ganz Slowenien ist die Schweineschlächterei unter dem Namen *Koline* bekannt, außer in der Umgebung von Celje, dort heißt es *Furez*. Es ist Sitte, bei dieser Gelegenheit Freunden und Bekannten ein Geschenk in Form von Würsten, Fleisch und Grieben zu übersenden. Von diesen

Produkten sind die Blut- und Leberwürste bekannt sowie die Weißwürste. Eine besondere Spezialität sind die *Krainer Würste*, aus den besten Fleischteilen und Specken gefertigt und mit der Hand geschnitten. Schinken und Rauchfleisch sind eine Spezialität des slowenischen Küstenlandes.

Von den Gemüsesorten sind Sauerkohl und *saure Rüben* besonders hervorzuheben; dann kommen Bohnen, die man hier häufig mit Sauerkohl, sauren Rüben und Gerste kombiniert.

Auch Linsen werden in Slowenien viel verwendet. Buchweizenbrei ist eine Spezialität, die vorwiegend in Slowenien zubereitet wird. Man serviert ihn mit süßer oder saurer Milch, mit Sauerkohl, zum Gulasch.

Die *Polenta* ist im Küstengebiet Sloweniens zu Hause, die *Zlinkrofi* und *Cmoki* (Knödel) ebenfalls. Weithin bekannt sind die *Zlinkrofi aus Idrija*, ein Nationalgericht aus Idrija. Die *Cmoki* (Knödel) füllt man häufig mit Pflaumen. In Gorenjska werden die Cmoki mit gerösteten Brotwürfeln oder mit Quark zubereitet.

Zlivanke (Nockerl) aus Mais-, Weizen- oder Buchweizenmehl werden mit süßer oder saurer Milch sowie mit Eiern serviert.

Struklji (Serviettenstrudel) ist eine allgemein bekannte slowenische Spezialität, aber sie wird auch in manchen Gegenden von Kroatien (Zagorien) zubereitet. Man kocht ihn gewöhnlich, aber man kann ihn auch in der Röhre backen.

Slovenska potica (slowenischer Strudel aus Hefeteig) kann süß oder gesalzen serviert werden, dies hängt von der Fülle ab. Die Potica ist eine aus alten Zeiten herrührende Mehlspeise. Eine besondere Art ist die *spehovka* – ein Griebenstrudel aus Hefeteig – der gelegentlich der Schweineschlächterei zubereitet wird.

Die Rezepte für Süßigkeiten die aus Honig zubereitet werden, sind auch sehr alt, da der Honig als erstes Mittel zum Süßen diente. Verschiedene *Kruhki* – in Form von Herzen gebackene Honigkuchen – schenkten sich junge Leute als Zeichen der Sympathie. Heutzutage kann man solche Lebkuchen im Museum von Skofja Loka kaufen.

Spezialitäten aus Slowenien

Bohnensuppe mit Schweineschwarten (Čorba od pasulja sa svinjskim kožicama)

Die Bohnen waschen, einige Stunden in Wasser einweichen. Die geräucherten Schweineschwarten ebenfalls – am besten über Nacht – einweichen. Die Bohnen mit den Schwarten und der Zwiebel zusammen kochen. Wenn alles weich ist, die Schwarten herausnehmen und in Streifen schneiden. Die Bohnen und die Zwiebel zusammen durchpassieren und mit der extra gekochten Gerste vermischen, die Schwarten dazugeben, mit Pfeffer würzen, salzen, gehackte Petersilie und nach Wunsch Wein oder Essig dazugeben, aufkochen lassen und servieren.

**250 g Bohnen,
150 g Schweineschwarten
(oder geräucherte Schweineklauen),
1 kleine Zwiebel,
60 g Gerste, Salz,
Pfeffer, Petersilie,
etwas Wein oder Weinessig.
4 Personen**

Pilzsuppe mit Kartoffeln (Čorba od pečurki sa krompirom)

Die Pilze putzen und in dünne Scheiben schneiden. Den Knoblauch (er kann durch eine Zwiebel ersetzt werden) mit einem Teil der Petersilie kleinhacken und in erhitztem Öl anrösten. Dann die Pilze hineintun und kurz zusammen dünsten lassen. Die in Würfel geschnittenen Kartoffeln beifügen und zuletzt die in Scheiben geschnittenen Tomaten. Gardünsten, mit Mehl binden, salzen und pfeffern. Kurz vor dem Servieren die Sahne und die restliche Petersilie dazutun. (Nach Geschmack kann sich jeder bei Tisch noch mit Essig nachwürzen).

**500 g frische Pilze,
3–4 Knoblauchzehen,
Petersilie, 2–3 Tomaten,
2 Eßlöffel Öl, 500 g Kartoffeln,
ein wenig Mehl, Salz, Pfeffer,
6–7 Eßlöffel Sahne.
4 Personen**

Apfelsuppe
(Čorba od jabuka)

1 kg saure Äpfel, Zitronenschale, einige Nelken, Zimt, 1 Teelöffel Mehl, 40 g Butter, Zucker nach Geschmack, Salz, 1/4 l Wein und etwas Wasser zum Aufgießen.
4 Personen

Die Äpfel waschen, in kleine Stücke schneiden, mit Zitronenschale, Zimt und Nelken würzen, ein wenig Wasser dazutun und zugedeckt kochen. Wenn die Äpfel weich sind, werden sie durchpassiert. Nun die Butter mit dem Zucker bräunen, dann das Mehl dazutun und mit ein wenig Wasser glattrühren, die passierten Äpfel hineingeben und mit dem Wein – und nach Bedarf etwas Wasser – aufgießen. Das Ganze nochmal kurz aufkochen lassen.

Zu dieser Suppe werden in Butter geröstete Brotwürfel gereicht.

Milchsuppe
(Čorba sa mlekom)

1 l Milch, 1/2 l Wasser, 2 Dotter, ein wenig Zucker, Salz, auf Butter geröstete Brotwürfel.
4 Personen

Die Milch und das Wasser aufkochen, dann salzen und nach Geschmack Zucker dazugeben. In einem anderen Gefäß die Dotter glattrühren und die heiße Milch langsam unter ständigem Rühren dazugießen, um eine glatte Flüssigkeit zu bekommen. Zu der fertigen Suppe die Brotwürfel servieren.

Diese Suppe wird im Sommer auch kalt aufgetragen.

Weinsuppe
(Čorba sa vinom)

3/4 l Wein, 3/4 l Wasser, 40 g Butter, 50–100 g Zucker, 1 Teelöffel Mehl, Zitronenschale, Zimt, 2 Nelken, 2 Dotter.
4 Personen

Wein, Wasser und den Zucker mit den Gewürzen aufkochen lassen und dann die Butter dazugeben. Die Dotter mit dem Mehl vermischen und in der heißen Flüssigkeit auf kleiner Flamme ziehen lassen. Die Suppe darf nicht sieden, damit sie nicht dick wird.

Kalbskopf mit saurem Überguß (Teleća glava sa kiselim prelivom)

Der gesäuberte, gewaschene Kalbskopf wird in gesalzenem Essigwasser gekocht. Wenn das Wasser siedet, das geputzte Grünzeug, Pfefferkörner (nach Geschmack auch einige Lorbeerblätter) beigeben. Das Ganze auf langsamem Feuer kochen. Wenn der Kalbskopf weich ist, das Fleisch vom Knochen lösen, in kleine Stücke schneiden, auf einen Teller legen und mit folgendem Überguß auftragen:
Die Dotter vom Eiweiß lösen, gut durchdrücken und tropfenweise das Öl dazurühren oder mit dem Mixer schnell verrühren. Wenn die Masse glatt ist, das gehackte Eiweiß, die gehackten Kapern, Petersilie, Senf und in Würfel geschnittene Gurken beimengen. Mit Salz, Pfeffer und nach Belieben Weinessig abschmecken und mit dem Wein auffüllen.

1 Kalbskopf, Suppengrün,
einige Pfefferkörner,
Salz, ein wenig Weinessig.

3 hartgekochte Eier,
6–7 Eßlöffel Öl,
einige Kapern, Petersilie,
1–2 Teelöffel Senf,
2 kleinere Essiggurken,
1/2 l Weißwein, Salz, Pfeffer.
4 Personen

Kalbsrippchen in Zitronensoße (Teleća rebarca u soku od limuna)

Die Rippchen waschen, in kleine Stücke schneiden, salzen und mit Öl bestreichen. Die Rippchen dann in eine Pfanne geben, mit heißem Öl übergießen und backen, bis sie halbgar sind, dann mit Zitronensaft begießen und mit den Bröseln bestreuen, die gehackten Kapern dazugeben, einige Löffel warmes Wasser dazugießen und zugedeckt gardünsten.

1 kg Kalbsrippchen, Salz,
6–7 Eßlöffel Öl, Zitronensaft,
1 Eßlöffel gehackte Kapern,
2 Eßlöffel Semmelbrösel.
4 Personen

Gebratenes Ferkel mit Kartoffeln oder Äpfeln (Pečeno prase punjeno sa krompirom ili jabukama)

Ein kleines Ferkel gut mit Salz, Kümmel und Majoran einreiben. 1–2 Stunden kaltstellen. Unmittelbar vor dem Braten die Bauchhöhle mit kleinen gleichgroßen Kartoffeln oder Äpfeln füllen, die Öffnung zunähen, mit warmem Fett oder Öl übergießen und in eine vorge-

wärmte Röhre geben. Während des Bratens häufig und reichlich mit dem Saft begießen. Wenn nicht genügend Saft vorhanden ist, kann man warmes Wasser dazugießen. Das Ferkel soll eine schöne bräunliche Haut bekommen. Wenn es fertig gebraten ist, in Stücke schneiden und mit der Fülle auftragen.

Blutwurst mit Sauerkraut (Krvavice sa kiselim kupusom)

500 g frische Blutwurst,
2 Eßlöffel Öl oder Fett,
1 kg Sauerkraut, Kümmel,
1 Eßlöffel Mehl, etwas Wasser.
4 Personen

Das Sauerkraut mit dem Kümmel zusammen kochen. Wenn das Kraut weich ist, mit dem in etwas Wasser verrührten Mehl binden. Die Blutwurst an einigen Stellen mit einer Nadel durchstechen, damit die Haut nicht platzt.

Die scharf gebratene Wurst getrennt vom Kraut servieren, weil sie sonst aufweicht.

Lammkeule mit Gurken (Jagnjeći but sa krastavcima)

1 Lammkeule, Salz,
50–80 g geräucherter Speck,
1 Zwiebel, 2 Karotten,
1 Petersilienwurzel, 1 kleinerer Sellerie,
Rosmarin, 1 Lorbeerblatt,
ein wenig Essig, 2 Eßlöffel Mehl,
50 g Butter, 1 kg Gurken,
Salz, 1/8 l Sahne.
6 Personen

Den in Streifen geschnittenen Speck anrösten. Die gehackte Zwiebel mit dem kleingeschnittenen Gemüse andünsten, darauf die vorher gesalzene und mit den Gewürzen eingeriebene Keule legen, ein wenig Wasser und Weinessig dazugießen und zugedeckt dünsten. Wenn die Keule weich ist, nimmt man sie heraus und dickt das Gemüse mit dem Mehl an. Nun gibt man die extra gedünsteten Gurken dazu und das in Stücke geschnittene Fleisch und läßt alles zusammen noch kurze Zeit kochen. Vor dem Auftragen die Sahne beigeben.

Huhn mit Morchel (Pile sa smrčcima)

Das gewaschene, in Stücke geschnittene und gesalzene Huhn im erhitzten Öl dünsten. Wenn das Fleisch bräunlich ist, mit ein wenig Mehl bestreuen, Wasser (oder die Suppe vom Hühnerklein) dazugießen und durchkochen. Die in Scheiben geschnittenen Morcheln in heißem Öl oder heißer Butter mit der gehackten Petersilie dünsten. Wenn die Morcheln weich sind, gibt man sie zu dem Huhn und läßt alles noch eine Zeit lang dünsten. Nach Belieben Pfeffer dazugeben und mit breiten Nudeln servieren.

1 schönes Huhn,
4 Eßlöffel Öl oder Butter,
ein wenig Mehl, warmes Wasser,
500 g frische Morcheln, Petersilie,
Salz, Pfeffer.
6 Personen

Backhuhn mit Linsen
(Pečena kokoška sa sočivom)

Das Huhn waschen, salzen, mit Speckscheiben belegen und in der Röhre braten. Während des Bratens häufig mit dem Saft begießen. Die Linsen separat mit der Zwiebel und eventuell 1–2 Knoblauchzehen kochen. Wenn das Huhn fertig gebraten ist, das Fleisch in Stücke schneiden. Die Linsen mit dem Fleischsaft übergießen und die Fleischstücke in die Linsen legen.

1 Masthuhn, Salz,
150 g geräucherter Speck,
500–700 g Linsen, 1 Zwiebel.
6 Personen

Auf diese Art kann man auch Truthahn, Ente, Gans oder Fasan zubereiten.

Ente im Rotwein
(Patka sa crvenim vinom)

Die geputzte, gewaschene und gesalzene Ente in einen Topf legen, mit heißem Öl übergießen und braten, bis sie schön bräunlich ist, dann die in Scheiben geschnittene Zwiebel dazugeben. Während des Bratens etwas heißes Wasser aufgießen. Den Bratensaft mit Mehl binden, mit dem Wein aufgießen. Die fertiggebratene Ente nach Belieben pfeffern und den Rahm dazugeben.

1 Mastente, 4 Eßlöffel Öl,
Pfeffer, 1 Zwiebel, 1 Glas Rotwein,
1 Teelöffel Mehl, 2–3 Eßlöffel Sahne.
6 Personen

Die warme Ente in Stücke schneiden, auf eine Platte legen und mit der Soße übergießen. Dazu werden verschiedene Arten Knödel, Polenta oder Kartoffeln serviert.

Leber nach Jägerart (Džigerica na lovački način)

750 g Kalbs- oder Schweinsleber,
80 g geräucherter Speck,
50 g Fett, 1 Zwiebel,
1 Teelöffel Mehl, Salz,
Pfeffer, Zitronensaft, 1/8 l Sahne.
4 Personen

Die Leber waschen, die Haut abziehen, mit Pfeffer bestreuen, mit Speck belegen oder spicken. Das Fett in der Pfanne erhitzen, die gehackte Zwiebel darin andünsten, dann die Leber dazugeben. Wenn sie von allen Seiten angebraten ist, mit warmem Wasser begießen und zugedeckt weich dünsten lassen. Wenn die Leber weich ist, wird sie aus der Pfanne herausgenommen und in Stücke geschnitten. Den Saft mit Mehl binden und mit Zitronensaft und Sahne verfeinern. Die Leberstücke einzeln in der Soße schwenken, in eine Schüssel legen und mit der Soße übergießen.

Dazu werden Nudeln oder Klößchen oder Reis und Salat aufgetragen.

Sulz (Pikrije)

500 g Schweinskopf,
1–2 Schweineohren, 250 g Kalbsfüße,
250 g Schweineklauen,
250 g Schulterblatt oder
ein anderes Stück vom Schwein,
(eventuell ein Stück geräuchertes
Fleisch), 1 Eßlöffel Essig,
einige Pfefferkörner, Salz, 2 Karotten,
1 kleine Sellerieknolle,
1 Petersilienwurzel, 1 Zwiebel,
einige Knoblauchzehen, 1 Lorbeerblatt,
einige Neugewürzkörner.
MARINADE: 4 Eßlöffel Öl,
4 Eßlöffel Essig, Pfeffer, Salz,
Senf nach Geschmack,
eine kleingehackte Zwiebel,
kleingehackte Petersilie. 6 Personen

Das Fleisch waschen und in Essigwasser kochen. Das geputzte Grünzeug, Salz und Pfeffer dazugeben. Auf kleinem Feuer kochen, bis das Fleisch weich wird. Die fertige Brühe kurz stehen lassen, in ein anderes Gefäß abgießen und kalt stellen. Das Fett von der Oberfläche der Brühe abschöpfen. Das Fleisch von den Knochen lösen, in kleine Stücke schneiden und in eine große Schüssel oder in tiefe Teller legen. Zwischen das Fleisch kann man das Grünzeug legen. Zuletzt das Fleisch mit der Brühe übergießen, so daß es bedeckt ist, und in den Kühlschrank stellen. Die fertige Sulz stürzen, in Scheiben schneiden und mit folgender Marinade würzen:
Öl und Essig vermischen, Senf, Salz, Pfeffer, die gehackte Zwiebel und Petersilie dazugeben.

Die Sulz kann als Vorspeise oder zum Abendessen als Hauptgericht serviert werden.

Wels mit Marinade
(Somovina u marinatu)

Den Wels putzen, waschen und in Scheiben schneiden, gut abtrocknen, salzen und in heißem Öl backen. Die gebackenen Scheiben in eine tiefe Schüssel legen. In dem zurückgebliebenen Öl die gehackten Zwiebeln, Dill und Lorbeerblätter dünsten, mit Wasser und Essig auffüllen und noch einmal aufkochen lassen. Die erkaltete Marinade auf den zubereiteten Fisch gießen und im Kühlschrank einige Stunden stehen lassen.

1 kg Wels, Salz,
6–8 Eßlöffel Öl, 3 Zwiebeln,
2 Lorbeerblätter, etwas Dill,
6 Eßlöffel Weinessig,
Wasser nach Bedarf.
4 Personen

Bauern Omelett
(Omlet na seoski način)

Die gehackte Zwiebel und der in Würfel geschnittene Speck werden in heißem Öl gedünstet. Wenn die Zwiebel und der Speck bräunlich sind, die Eier mit der Milch verrührt dazugeben und mit der zerhackten Petersilie bestreuen.

Das Omelett soll für jede Person separat gebacken werden. Zum Omlett wird Salat gereicht.

6 Eier, 2–3 Eßlöffel Öl,
6 Eßlöffel Milch, 1 Zwiebel,
60 g geräucherter Speck, Petersilie.
4 Personen

Omelet mit Kartoffeln
(Omlet sa krompirem)

Den in Würfel geschnittenen Speck mit der gehackten Zwiebel so lange dünsten, bis die Zwiebel bräunlich wird, dann die in Würfel geschnittenen gekochten Kartoffeln dazugeben. Die Eier gut verrühren und die gehackte Petersilie hineintun. Wenn die Kartoffeln angebräunt sind, die Eier daraufgeben und so lange backen, bis die Eier fest werden.

Das Omelett vorischtig in der Hälfte zusammenlegen und gleich servieren.

40 g geräucherter Speck,
1 kleine Zwiebel,
200 g gekochte Kartoffeln,
Salz, Pfeffer, 2–3 Eier,
gehackte Petersilie.
1 Person

Gulasch mit Gerste
(Gulaš sa ječmom)

400 g Schweinefleisch,
300 g Bohnenkerne,
40 g Fett, 2 kleine Zwiebeln,
200 g Gerste, Paprikapulver,
Kümmel, Salz.
4 Personen

Die Bohnen waschen, etwas im Wasser weichen lassen und kochen. Inzwischen im Fett die gehackten Zwiebeln dünsten, dann das kleingeschnittene Fleisch dazugeben und so lange dünsten, bis es bräunlich wird. Nach Bedarf Wasser dazugießen und zugedeckt weichkochen. Die Gerste waschen und kochen. Wenn die Gerste halbgar ist, das Wasser abgießen und die Gerste zum Fleisch geben, mit Paprikapulver, Kümmel und Salz würzen, gut umrühren und weiter kochen. Dann die weichgekochten Bohnen dazugeben und alles noch mal kurz zusammen kochen lassen.

Bohnen mit Gerste
(Ričet)

350 g Gerste, 500 g Selchfleisch,
150 g Bohnenkerne,
1 Karotte, 1 Petersilienwurzel,
ein kleiner Sellerie, 1 kleiner Chicoree,
1 kleiner Kohlrabi, 1 kleine Zwiebel,
einige Knoblauchzehen,
2–3 Tomaten, 1 Paprikaschote,
200 g Kartoffeln, 1 Lorbeerblatt,
Salz, Pfeffer.
6 Personen

Die Gerste und die Bohnen waschen und in einem großen Topf kochen. Ist das Fleisch sehr salzig, dann separat kochen, wenn nicht, dann zusammen mit der Gerste und den Bohnen. Nach 60 Minuten das vorbereitete Gemüse und die Gewürze dazugeben. Die in Würfel geschnittenen Kartoffeln kommen erst 20 Minuten vor dem Ende der Kochzeit dazu, damit sie nicht zerkochen. Vor dem Servieren das Fleisch in Stücke schneiden. Das Grünzeug wird nach dem Kochen aus dem „Ritschet“ herausgenommen. Will man es aber darin lassen, wird das Grünzeug vor dem Kochen in Scheiben geschnitten. (Das Fleisch kann auch vor dem Kochen in Stücke geschnitten werden, dadurch wird der „Ritschet“ geschmackvoller.)

Zum „Ritschet‘ serviert man Sauerkraut oder saure Rüben. Das ist ein Wintergericht und in Slowenien sehr beliebt.

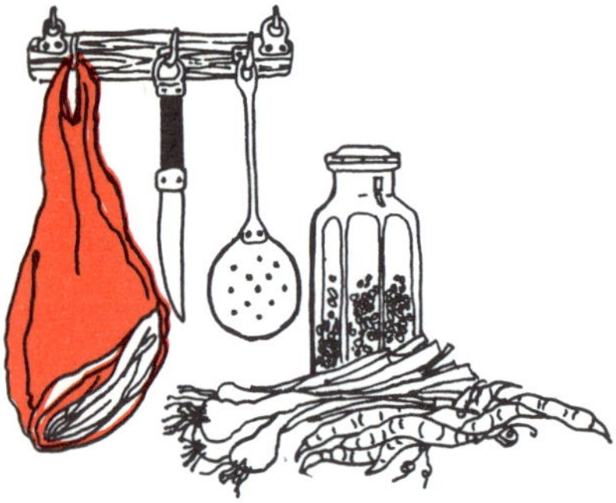

Flaschenkürbis mit Sahne
(Tikvice sa pavlakom)

Die Flaschenkürbisse waschen, schälen (wenn sie sehr jung sind, nur waschen), auf einem hölzernen Reibeisen reiben. Öl erhitzen, die feingehackten Knoblauchzehen, Tomaten und den Kürbis zusammen dünsten. Wenn der Saft verdampft ist, die feingehackte Petersilie und die Sahne dazugeben, gut verrühren und gleich auftragen.

1 kg Flaschenkürbis, 2 Eßlöffel Öl, 1–2 Knoblauchzehen, 2–3 Tomaten, Salz, Petersilie, 6 Eßlöffel Sahne. 4 Personen

Bohnen mit Pilzen (Pasulj sa pečurkama)

Die gewaschenen Bohnen kochen. Im heißen Fett die gehackte Zwiebel und die in dünne Scheiben geschnittenen Pilze dünsten. Wenn die Pilze weich sind und die Flüssigkeit fast verdampft ist, mit Mehl bestreuen, mit Bohnenwasser aufgießen. Salzen, pfeffern und noch 15–20 Minuten kochen lassen.

Zu diesem Gericht werden Klößchen aus Buchweizenmehl (Heidemehl) oder grüner Salat, Tomatensalat oder Salat von Paprikaschoten serviert.

500 g Bohnenkerne, 2 Eßlöffel Fett oder Öl, 1 Zwiebel, 300 g frische Pilze, Petersilie, ein wenig Mehl, Pfeffer, Salz, etwas Sahne. 6 Personen

Kartoffeln mit Bohinj-er Käse (Krompir sa bohinjskim sirom)

Die gekochten Kartoffeln schälen und in Scheiben schneiden. Für die Käsesoße verrührt man die Eier und den geriebenen Käse in der Sahne. In eine gefettete Auflaufform Kartoffeln schichten, salzen und mit einem Teil der Käsesoße übergießen. Wiederholen, bis alle Zutaten aufgebraucht sind. Die Auflaufform in die heiße Röhre stellen und überbacken.

1 kg Kartoffeln, Öl, 2 Eier, 1/8 l Sahne, 100 g Bohinjer Käse. 4 Personen

Pilze mit Tomaten (Pečurke sa paradajzom)

Den in Würfel geschnittenen Speck glasig rösten, dann die kleingehackte Zwiebel, die geputzten und in dünne Scheiben geschnittenen Pilze und einen Teil der Petersilie dazugeben und alles zusammen dünsten. Wenn die Pilze weich sind, mit ein wenig Mehl binden und die in Scheiben geschnittenen Tomaten dazugeben, mit Salz, Pfeffer

50 g geräucherter Speck, 2 Eßlöffel Fett oder Öl, 1 Zwiebel, Petersilie, 1 kg frische Pilze, 500 g Tomaten, Salz, Muskatnuß, ein wenig Butter. 4 Personen

und – nach Geschmack – mit etwas geriebener Muskatnuß würzen und gardünsten. Zum Verfeinern die restliche Petersilie und die Butter in das fertige Gericht geben.

Sauerkraut mit Bohnen (Kiseli kupus sa pasuljom)

1 kg Sauerkraut, 300 g Bohnen,
100 g geräucherter Speck,
1 Zwiebel, Salz, Kümmel, Pfeffer.
4 Personen

Sauerkraut und Bohnen getrennt kochen. Wenn das Kraut und die Bohnen weich sind, füllt man beides in einen Topf, gibt die im ausgelassenen Speck geröstete Zwiebel darüber und läßt alles zusammen aufkochen. Nach Geschmack mit Salz, Pfeffer und Kümmel würzen.

Zu diesem Gericht werden Klößchen aus Buchweizen (Heidemehl) oder Polenta serviert. Hauptsächlich wird es im Winter zubereitet.

Einheimischer Kartoffelsalat (Domaća salata od krompira)

1 kg Kartoffeln, 6 Eßlöffel Öl,
200 g saure Gurken, 2 Eßlöffel Senf,
200 g Zwiebeln, Essig,
4 Eier, Salz, Pfeffer.
In der Tomatensaison 200 g Tomaten.
4 Personen

Die gekochten Kartoffeln, die hartgekochten Eier und die Gurken in Scheiben schneiden. Von Senf, Öl, Essig, Salz, Pfeffer und den gehackten Zwiebeln eine Marinade bereiten und auf die Kartoffeln geben, vorsichtig mischen und stehen lassen, damit die Kartoffeln die Marinade einsaugen.

Dieser Salat dient als Zugabe zu verschiedenen Braten, kann aber auch als Hauptgericht aufgetragen werden.

Warmer Salat aus jungem Kohl (Topla salata od svežeg kupusa)

1–1 1/2 kg Rot- oder Weißkohl,
50 g geräucherter Speck,
3 Eßlöffel Öl, Salz, Pfeffer,
Essig nach Geschmack. 4 Personen

Den Kohl waschen und fein schneiden (oder reiben). Den in Würfel geschnittenen Speck rösten, den Kohl dazugeben und kurz dünsten lassen, dann Salz, Pfeffer, Öl und Essig dazugeben und vermischen.

Dieser Salat ist eine vortreffliche Zugabe zum Schweinebraten.

Meerrettich mit Äpfeln
(Salata od hrena i jabuka)

Die geschälten Äpfel reiben. Den Meerrettich schälen und reiben. Die Äpfel mit dem Meerrettich vermischen, Essig, Salz, ein wenig Zucker, das gehackte Ei und nach Bedarf ein wenig Wasser dazugeben, gut verrühren, zudecken und bis zum Servieren kaltstellen.

1 dicke Meerrettich-Wurzel,
500 g saure Äpfel,
1 hartgekochtes Ei,
Essig, etwas Zucker, Wasser, Salz.
4 Personen

Kalte Soße aus Bohnen
(Hladan preliv od pasulja)

Die Bohnen weichkochen, dann durchpassieren und mit dem geriebenen Meerrettich vermischen, mit Salz, Öl und dem Essig gut verrühren.

Diese kalte Soße eignet sich als Zugabe zu gekochtem Fleisch oder gekochten Eiern.

250 g Bohnen, 6 Eßlöffel Öl,
1 Tasse Essig, 150 g Meerrettich,
Salz.
4 Personen

Meerrettich mit Knoblauch
(Hren sa belim lukom)

Die kleingeschnittene Semmel (oder Weißbrot) in die klare Suppe geben, weichkochen und gut rühren, um eine sämige Soße zu bekommen. Dann fügt man die feingehackten Knoblauchzehen und den geriebenen Meerrettich dazu.

Diese warme Soße reicht man zu geräuchertem, gekochtem Schweinskopf oder zu gekochtem Rindfleisch.

1 l Suppe, 1 Semmel,
5–6 Knoblauchzehen,
4 Eßlöffel geriebenen Meerrettich.
4 Personen

Saure Soße
(Kiseli sos)

Die Dotter vom Eiweiß lösen, gut zerdrücken und tropfenweise das Öl hineinrühren. Wenn die Masse dick ist,

2 hartgekochte Eier, 6 Eßlöffel Öl,
1 Eßlöffel Kapern, Petersilie,
1 saure Gurke, Essig, Salz, Pfeffer,
3 Eßlöffel Weißwein.
4 Personen

Essig, Wein, Senf, das gehackte Eiweiß, Kapern, Petersilie und die würfelig geschnittene saure Gurke dazutun und mit Salz und Pfeffer würzen.

Diese Soße dient als Zugabe zu gekochtem und gebratenem, fettem Fleisch und zum Fisch.

Nockerl aus Heidemehl (Buchweizen) (Žganci od heljda)

1 kg Buchweizenmehl (Heidemehl),
200 g Grieben, 2 l Wasser, Salz.
6 Personen

In das kochende, gesalzene Wasser das Mehl einrühren, zudecken und 10 Minuten kochen lassen. Dann in den Brei mit dem Kochlöffel einige Löcher machen, damit das Wasser leichter in die Masse eindringen kann. Auf mäßigem Feuer eine halbe Stunde kochen und dann ein wenig Wasser wegnehmen und beiseite stellen. Die Masse mit dem Kochlöffel gut verrühren und nach Bedarf von dem abgegossenen Wasser etwas dazugeben, damit die Masse leichter zu verrühren ist. Mit etwas gerösteten Grieben oder mit warmem Fett übergießen. Mit Kochlöffel und Gabel werden Nockerl gemacht, auf die Schüssel gelegt und mit den restlichen Grieben übergossen.

Die Nockerl aus Buchweizen (Heidemehl) sind eine slowenische Spezialität. Sie werden als Beilage zu Fleischgerichten mit Soße (Gulasch, Paprikasch, Pörkölt) oder zu Sauerkraut oder sauren Rüben gereicht. Auch allein, mit süßer oder saurer Milch gegessen, schmecken diese Nockerl sehr gut.

Kartoffelklößchen (Žganci od krompira)

1–1 1/2 kg Kartoffeln,
700–750 g Weißmehl,
100 g Fett, Salzwasser.
6 Personen

Die gewaschenen und geschälten Kartoffeln im Salzwasser kochen. Nach 20 Minuten Sieden das durchgesiebte Mehl beigeben und zugedeckt noch etwa 30 Minuten weiterkochen. Das Kochwasser abseihen, zur Seite stellen und später nach Bedarf zugießen. Die Masse gut rühren, um eine glatte und feste Masse zu bekommen; von dem abgenommenen Wasser nach Bedarf zugießen. Mit Gabel und Löffel Nockerl machen, in die Schüssel legen und mit zerlassener Butter übergießen. Die Nockerl müssen sofort serviert werden, denn kalt schmecken sie nicht gut. Diese Nockerl werden als Beilage zu fetten Gerichten serviert.

In einigen Gegenden Sloweniens (in Poljanska) werden die Nockerl mit dem Löffel ausgehoben, auf Fett gelegt und überbacken oder mit Sahne übergossen. Die Nockerl werden häufig mit Kürbissamenöl übergossen.

Eiergerste aus Heidemehl mit Milch (Tarana od helde sa mlekom)

1/2 kg Heidemehl, 1/4 l heißes Wasser, etwa 2–3 l Milch (ein wenig gesalzen), Zucker nach Bedarf.
4 Personen

Das Mehl in ein größeres Gefäß durchsieben, mit Wasser verrühren und mit der Hand kleine Kügelchen machen. Die Milch mit wenig Salz aufwärmen, die Eiergerste einkochen und auf mäßigem Feuer etwa 20 Minuten kochen, damit ein dichter Brei entsteht.

Die Eiergerste kann man ein wenig zuckern oder man serviert den Zucker getrennt. Diese Eiergerste dient häufig als Frühstück oder Abendbrot. In den Wintermonaten wird die Eiergerste oft mit Obst, besonders mit getrockneten Birnen gereicht.

Kartoffel-Tatschkerl (Tašci od krompira)

Teig: 500 g Mehl, 3 Eier, Salz, lauwarmes Wasser, 50–60 g Fett zum Übergießen.
Fülle: 750 g Kartoffeln, 1 Ei, 150 g geräuchertes Schweinefleisch, 50 g Grieben, 70 g Brösel, Salz, Pfeffer. 4 Personen

Vom Mehl, den Eiern und wenig Wasser einen nicht zu festen Teig (wie für Nudeln) kneten. Während der Teig rastet, bereitet man die Fülle für die Tatschkerl zu:
Die Kartoffeln nach dem Kochen schälen, passieren, 1 Ei, kleingehacktes oder durchgedrehtes Fleisch, die Grieben, Salz, Pfeffer und ein wenig Brösel beigeben. Die Masse gut verrühren, damit sie glatt wird.

Nach dem Rasten den Teig in zwei Teile teilen und jedes messerdick ausrollen. Ein Teigblatt mit verrührtem Ei bestreichen und kleine Häufchen von der Fülle darauf legen. Das zweite Teigblatt darüberlegen und zwischen den Füllungen andrücken. Mit dem Teigrad Vierecke ausschneiden und deren Ränder gut zusammendrücken. Die Tatschkerl müssen in reichlich Salzwasser bei mäßiger Hitze etwa 15–20 Minuten kochen. Wenn die Tatschkerl gar sind, gießt man sie ab und bestreut sie mit gerösteten Bröseln.

Die Tatschkerl können als Hauptgang mit Salat oder als Beilage oder als Vorspeise dienen.

Bauern-Nudeln mit Hefe (Rezanci sa kvascem na seoski način)

300 g Mehl,
100 g Butter oder Margarine,
1/8 l lauwarme Milch,
20 g Hefe, 3–4 Eier, Salz.
4 Personen

Die Butter schaumig rühren, die Eier, das Mehl und zuletzt die in lauwarmer Milch zerbröckelte Hefe dazugeben und salzen. Alles zu einem glatten Teig verarbeiten und kurze Zeit rasten lassen. Dann fingerdick auswalken, mit einem Glas oder einer runden Form Stücke ausstechen und auf ein gefettetes Blech legen und aufgehen lassen. Wenn der Teig aufgegangen ist, das Blech in die vorgewärmte Röhre geben und backen. Zwischendurch mit ein wenig Milch übergießen. Die gebackenen Nudeln vorsichtig herausnehmen, auf eine Schüssel legen und mit Zucker bestreuen.

Mlinci (Mlinci)

400 g Mehl, 1 Ei, ein wenig Wasser,
50 g Grieben oder Speck.
4 Personen

Vom Mehl, Ei und Wasser einen harten Teig kneten. Den Teig in kleine Stücke schneiden und jedes auswalken. Die ausgewalkten Blätter beiderseits auf der Herdplatte so lange backen, bis sie bräunlich werden. Wenn alle Blätter gebacken sind, diese in größere Stücke zerbrechen und mit heißem Wasser übergießen. In dem Wasser etwa 10 Minuten stehen lassen, dann abseihen und mit warmen Grieben oder mit geröstetem Speck übergießen.

Wenn die „Mlinci“ als Zulage zum Braten dienen, denn werden sie mit dem Bratensaft übergossen.
Die „Mlinci“ werden auch häufig mit Sahne übergossen oder mit Käse bestreut. In der Gegend von „Predomurje“ bestreut man die „Mlinci“ auch mit Mohn und Zucker.

Apfelstrudel aus Hefeteig
(Jabučni štruklji od kiselog testa)

Teig:
700 g gekochte Kartoffeln,
70 g Butter, etwa 400 g Mehl,
Zitronenschale, Salz,
30 g Hefe, 1/4 l Milch, 100 g Zucker.
Fülle:
100 g Brösel,
100 g Butter oder Margarine,
1 kg Äpfel, 50 g Rosinen, 50 g Nüsse,
2–3 Teelöffel Rum, 40 g Butter,
Streuzucker.
6 Personen

Die gekochten, geschälten und durchpassierten Kartoffeln mit zerlassener Butter übergießen, das Mehl, Zucker, etwas Salz und die vorbereitete Hefe, Zitronenschale und Milch (nach Bedarf) dazugeben und zu einem glatten Teig kneten. An einem warmen Ort rasten lassen. Wenn der Teig aufgegangen ist, ungefähr 2–3 mm dick auswalken, mit zerlassener Butter bestreichen und mit Bröseln bestreuen, die geriebenen Äpfel auf dem Teig verteilen, mit Zimt, Nüssen, Rosinen bestreuen und mit Rum bespritzen. Den Teig langsam zusammenrollen, auf ein mit Butter oder Öl bestrichenes Blech legen, kurz gehen lassen und dann backen.

Den fertigen Strudel in Stücke schneiden und mit Zucker bestreuen. (Den Teig vor dem Backen mit Butter bestreichen.) Der Strudel wird sowohl kalt als auch warm aufgetragen.

Servietten-Strudel
(Kuhani štruklji sa orasima)

Teig:
500 g Mehl, 1–2 Eier, 6 Eßlöffel Öl,
lauwarmes Wasser, etwas Zitronensaft
oder milder Essig, Öl zum Bestreichen.
Fülle:
300 g geriebene Nüsse, 1/4 l Sahne,
2 Eßlöffel Semmelbrösel, 2 Eier,
80 g Butter, Zitronenschale,
100 g Zucker. 6 Personen

Das Mehl durchsieben, in der Mitte eine kleine Höhlung machen. In die Höhlung Eier, lauwarmes Wasser, Salz, Zitronensaft geben und zuerst mit dem Messer verrühren, dann mit der Hand einen glatten Teig mittlerer Festigkeit kneten. Der Teig darf nicht an der Schüssel, dem Brett oder an der Hand haften bleiben. Den Teig mit Öl bestreichen und etwa 20 Minuten rasten lassen. Inzwischen die Fülle zubereiten:
Die Dotter mit der Butter und dem Zucker verrühren, die

gemahlenen Nüsse, Zitronenschale und Sahne zugeben, die Eiweiß zu einem festen Schnee schlagen und langsam unterrühren.
Auf den Tisch ein sauberes Tischtuch legen, mit Mehl bestreuen. Den Teig mit dem Rollholz ausrollen, dann von der Mitte her vorsichtig mit bemehlten Händen ausziehen, mit Öl oder gelöster Butter bestreichen und die vorbereitete Fülle daraufstreichen. Den Teig zuerst an der Seite einschlagen und dann das Tischtuch an einem Ende anheben und damit den Teig aufrollen.
Den Strudel in eine saubere, weiße, feuchte, vorher mit Semmelbröseln bestreute Serviette legen, zubinden, in kochendes gesalzenes Wasser gleiten lassen und auf mäßigem Feuer etwa 30 Minuten garkochen. Den fertigen Strudel herausnehmen, kurz stehen lassen, dann aus der Serviette herausrollen und in Scheiben schneiden. Mit in Butter gerösteten Semmelbröseln bestreuen.

Der Servietten-Strudel ist ein slowenisches Nationalgericht und wird meistens als Hauptgericht aufgetragen. Man kann ihn auch mit Fleischfüllen oder Obstfüllen servieren.

Pogatscha aus Maismehl mit Pflaumen (Pogača od kukuruzneg brašna sa šljivama)

**4 Eier, 150 g Zucker,
150–200 g Maismehl,
1/2 Päckchen Backpulver, 1 Zitrone,
2 Teelöffel Rum, 500 g Pflaumen,
100 g Zucker, Fett für das Blech.
4 Personen**

Die Dotter mit dem Zucker schaumig rühren, den Saft und die abgeriebene Schale der Zitrone und den Rum dazugeben. Aus dem Eiweiß festen Schnee schlagen und abwechselnd mit dem mit Backpulver vermischten Maismehl unter die Dottermasse rühren. Den Teig in eine gefettete Form geben, mit Pflaumenhälften belegen und backen. Den fertigen Kuchen mit Zucker bestreuen.

Pflaumenkuchen (Kolač sa šljivama)

Die Hefe mit ein wenig Zucker, lauwarmer Milch und etwas Mehl zu einem Vorteig verrühren und an warmer Stelle aufgehen lassen. Inzwischen das Mehl durchsieben,

das Ei mit Zucker und Butter gut verrühren, mit Mehl, Milch und der aufgegangenen Hefe zu einem glatten Teig kneten, den man zugedeckt an einem warmen Ort gehen läßt. Wenn es soweit ist, wird der Teig auf ein gefettetes Backblech getan und mit den halbierten Pflaumen belegt. Noch mal gehen lassen und in der Zwischenzeit die Streusel zubereiten:
Zucker, Zimt, geschnittene Nüsse und Mehl vermischen. Die gelöste Butter tropfenweise beimengen. Die Streusel auf die Pflaumen streuen und den Kuchen bei guter Mittelhitze etwa 50 Minuten backen.

500 g Weizenmehl, 50 g Zucker, 50 g Butter, 1/4 l Milch, 20 g Hefe, 1 Ei, Salz.
Zum Belegen:
500 g Pflaumenhälften, 130 g Zucker, 150 g geriebene Nüsse, Zimt, 50 g Mehl, 50 g Butter.
6 Personen

Backäpfel mit Fülle (Pečena jabuka sa nadevom)

Die Äpfel waschen und trocknen. Das Kerngehäuse herausschneiden und in die so entstandene Öffnung Marmelade oder geriebene Nüsse geben. (Auf die Nüsse ein wenig Butter geben.) Die Äpfel in eine feuerfeste Schüssel legen und backen.

Die Backäpfel auf einer Glasschüssel mit süßer Sahne übergossen servieren.

1 kg Äpfel, 50 g Butter, Zucker nach Geschmack, frische Sahne.
4 Personen

Vodnik – Pogatscha (Vodnikova pogača)

Aus Mehl, Butter, Sahne, Wasser und ein wenig Salz einen glatten Teig kneten. Etwa 30 Minuten kalt stellen. Den Teig auswalken und damit ein Blech belegen und in die vorher auf 175–200 Grad vorgewärmte Röhre zum Backen stellen. Wenn der Teig fast fertig gebacken ist, mit folgender Fülle bestreichen:
Die Dotter mit Zucker schaumig rühren, dann Sahne und die geriebene Zitronenschale dazugeben. Die Eiweiß zu Schnee schlagen und abwechselnd mit dem Mehl unter die Dotter rühren. Diese Masse auf die Pogatscha verteilen, mit geriebenen Nüssen und Rosinen bestreuen und zu Ende backen. Vor dem Servieren kann man sie auch mit Zucker bestreuen.
Die Pogatscha wird warm aufgetragen.

Teig:
400 g Grießmehl, 200 g Butter, etwas Wasser, 6 Eßlöffel Sahne.
Fülle:
4–5 Eier, 100 g Zucker, 50 g Rosinen, 1/4 l Sahne, Zitronenschale, 60 g Mehl, 80 g Nüsse oder Mandeln.
Im Herbst werden die Rosinen durch frische Trauben ersetzt.
6 Personen

Zagorien und Lika
(Kroatien)

Es ist unmöglich, Kroatien und seine Bedeutung mit wenigen Worten zu beschreiben. Wechselhaft wie das Land ist auch seine Geschichte. Im Laufe jahrhundertelanger Kämpfe um Freiheit gab es Bauernaufstände gegen die Feudalherrschaft; man bekämpfte Türken, Venezianer, Deutsche, Italiener, Ungarn; man desertierte aus fremden Heeren und im letzten Krieg brachte Kroatien zahllose Opfer.

Das Land würde ein echter Kroate in einem Bild beschreiben, wie wir es aus dem Märchenbuch kennen: „Unser Land ist wie eine schöne Frau. Ihre Hände ruhen in der Adria, geschmückt mit Edelsteinen – ihren Inseln; ihr Busen auf den entblößten Felsen ihrer Gebirgsmassive Velebit und Dinara; ihre schlanke Gestalt – die flinken Flüsse, ihr Haar die Wälder von Gorski Kotar; ihre Perlenschnur – die Küste voll steinerner Städte; ihre Augen und ihr Lächeln – der Glanz und und das Funkeln der Plitwitzer Seen; ihre Vornehmheit im stolzen alten Dubrovnik, ihre Lippen die Obstgärten von Hrvatsko Zagorje (Zagorien), ihr Gewand die grünen Landschaften von Slowenien und ihre Tugend im alten slowenischen Istrien!"
Aber man wird Kroatien mit diesem Gleichnis allein nicht mehr gerecht. Neben Slowenien ist es die entwickeltste und nach Serbien, seiner Fläche nach, die zweitgrößte Republik von Jugoslawien. Seine Hauptstadt Zagreb wurde zur modernen Industriestadt, einem bedeutenden

Kulturzentrum mit einer alten Universität und anderen kulturellen Einrichtungen. Rijeka und Split sind die größten Häfen. Kroatien ist das Land geschickter Seefahrer, Bergleute und Reeder; das Land zeitgemäßer landwirtschaftlicher Kombinate und des Fremdenverkehrs.

Man lernt die Natur und den Geist fremder Menschen am besten kennen, wenn man sie in ihrer eigenen Umgebung trifft: Die heiteren, intelligenten, redseligen, musikalischen Dalmatiner, die selbstbewußten, fleißigen, freimütigen und beschwingten Slawonier, die gutmütigen Bauern aus Hrvatsko Zagorje, die energischen, wortkargen, aber kräftigen Likaner und die verfeinerten Istrier. Sie leben in Hütten, in warmen Holzhäuschen inmitten des Waldes, in steinernen, kühlen Kellern und in Städten, deren Häuser um den Kirchturm herumhocken, unter alten Stadtmauern und in neuen Wohnblocks, die wie Pilze aus dem Boden aufschießen.

Man sollte sie treffen, wenn sie die alten Weisen mit klagendem Nebenton singen, wenn sie Tänze tanzen, die Legenden erzählen, und wenn sie dramatische Reigen drehen ohne Musik. Sie sollten sie kennenlernen, wenn sie die Nationaltrachten der Bauern vom Fuße der Dinara tragen oder in den verschwenderischen Spitzen von der Insel Pasman gekleidet sind, in den Dorfschenken mit blinzelnden Lampen, die bis zur Morgendämmerung brennen, und in den Wassermühlen, in denen man noch immer Korn mahlt.

Wie in Slowenien, so ist auch in Kroatien, wenn von der Ernährung die Rede ist, der Einfluß westlicher Nachbarn zu bemerken, aber wie in allen Dingen, so äußern die Kroaten auch in dieser Sphäre ihre Besonderheiten. Sie werden sie leicht finden, wenn Sie sie bei jenen Speisen und Spezialitäten suchen, die man in Kroatien mit großen Lettern schreibt und die eine Art nationaler Einrichtungen sind: Lammbraten aus Lika, Schweinekotelett und Truthahn aus Zagorien, Käse, Sahne und Brot aus Slawonien, dalmatinisches Rauchfleisch, Weine aus Istrien und Dalmatien. Halten Sie sich daran!

Kartoffeln statt Brot

Einführung in die Küche von Lika und Zagorien

Lika

Der Landesteil Lika liegt – geographisch gesehen – unterhalb des steinigen Gebirges Velebit, auf dessen Hängen Schafe weiden. Diese sind der Qualität ihres Fleisches wegen weithin bekannt. Aus diesem Grund wird hier viel Lamm- und Hammelfleisch verbraucht. Da gibt es in Lika ohne Lammbraten kein Fest, keine Feier und keinen Feiertag, besonders im Frühling. Aus Schafmilch – oft mit Kuhmilch vermengt – wird ein ausgezeichneter fetter Käse hergestellt. Er wird in besonderen Geräten gepreßt und erscheint getrocknet, gewöhnlich in viereckiger Form auf dem Markt.
In Lika gibt es ausgezeichnete Kartoffelsorten. Zur bekannten „Sarma auf Likaner Art" serviert man Pellkartoffeln. Hier ißt man statt Brot oft Kartoffeln. Außer Käse wird auch Sauermilch sehr geschätzt, die gewöhnlich zur „Likaner Polenta" aus Maismehl aufgetragen wird. „Prsuta" (Rauchfleisch) aus Lika steht keineswegs hinter der dalmatinischen „Prsuta" zurück und wird auf dieselbe Weise hergestellt.

Zagorien (Zagorje)

Zagorien erinnert nach der Zubereitungsweise der Nahrung an einzelne Gegenden von Slowenien.
Von den verschiedenen Gemüsesorten verwendet man hier, besonders in den Wintermonaten, viel Sauerkohl; „Sauerkohl mit Polenta" aus Zagorien ist eine bekannte Spezialität. Auch hier werden saure Rüben hergestellt.

Weiße Rüben konserviert man wie Sauerkohl. Damit bereitet man dann ein im Winter beliebtes Gericht: „Saure Rüben mit Bohnenkernen“ zu.

„Truthenne mit Mlintzi“ wird bei jedem einheimischen und bei jedem ausländischen Gast Gefallen finden. Zagorien ist nämlich der Truthennenzucht nach bekannt. Man kann sich die Neujahrsfeier in Zagorien und auch in entfernteren Gebieten ohne die berühmte gebratene Truthenne gar nicht vorstellen. „Mlintzi“ ist ein einfacher aus Mehl und Salzwasser zubereiteter Teig, der in dünnen Blättern gebacken wird. Dann wird er in Stücke gebrochen, mit heißem Salzwasser übergossen, dann abgeseiht und mit Bratensaft von der gebratenen Truthenne übergossen. Eine andere Spezialität dieser Gegend ist der mit Kürbisfülle zubereitete Strudel.

Zagorien ist auch durch seine berühmten Weinberge (Gorice) bekanntgeworden. Da werden Trauben von hoher Qualität gelesen, so daß man jede Mahlzeit mit ausgezeichnetem Wein aus Zagorien „begießt“.

Spezialitäten aus Zagorien und Lika

Schweinekotelett von Šestine (Šestinska pečenica)

8–10 schöne Stücke Schweinskotelett, Salz, Pfeffer, 10 Knoblauchzehen.
4 Personen

Das Fleisch mit dem Schläger weichklopfen, salzen, pfeffern, mit Knoblauch einreiben; eine Zeitlang stehen lassen. Einen kleineren Spieß oder Rost vorbereiten und die Fleischstücke darauf braten. Zu diesem Braten serviert man feingehackte Zwiebeln oder Salat. Außerdem ist es Sitte, dazu *Maisbrot von Sestine* zu servieren.

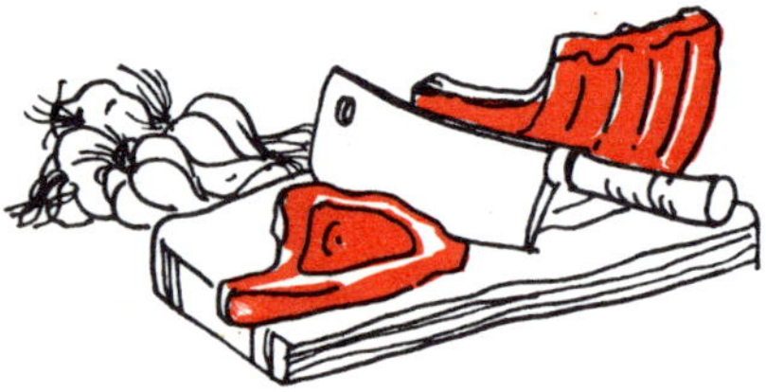

Sestine ist ein schöner kleiner Ort am Fuße des Gebirges Sljeme. Er wurde durch seine ausgezeichneten Weine und seine auf dem Spieß gebratenen Spezialitäten (Entenbraten, Spanferkel, u. a.) bekannt. Auch seine besonders malerische Nationaltracht sei hier erwähnt.

Kürbiskuchen (Kolač od buče)

500 g Mehl (griffiges),
1/4 l Milch oder Buttermilch, 2 Eier,
1 Tasse Maismehl, 2 Eßlöffel Schweinefett,
2 Tassen Quark, 1 Eßlöffel Butter,
1 kleiner, reifer Kürbis, Salz, Zucker.
6 Personen

Aus dem durchgesiebten Mehl, der Milch, etwas Salz und einem Löffel Fett einen glatten Teig ausarbeiten und ein wenig rasten lassen. Dann den Teig auf einem mit Mehl bestreuten Tischtuch ausziehen, trocknen lassen und dann mit folgender Fülle bestreichen:
Den Kürbis schälen, auf dem Reibeisen reiben, den Quark, Maismehl, die Eier und Salz beifügen, alles gut vermengen und aufstreichen. Den Teig wie einen Strudel-

teig aufrollen, mit Milch bestreichen und in der mäßig warmen Backröhre backen. Den gebackenen Kuchen mit Butter bestreichen, mit Kristallzucker bestreuen und in Stücke schneiden.

Truthenne mit Mlinci (Purica sa mlincima)

1 kleinere, gut gemästete Truthenne,
200 g Fett zum Braten,
Salz, 500 g Mehl, lauwarmes Wasser.
6–8 Personen

Die Truthenne ausnehmen, waschen, einsalzen, mit Öl oder Schweinefett bestreichen und in der Bratröhre braten. Während der Bratzeit reichlich mit dem Bratensaft übergießen. (Darum muß für die auf diese Art zubereitete Truthenne genügend Fett vorhanden sein.)
Von dem Mehl mit lauwarmem Wasser einen etwas festeren Teig als für gezogenen Strudel kneten, in zwei Teile teilen, zugedeckt rasten lassen. Dann auf dem Tischtuch 3 mm dicke Blätter ausziehen, von der Größe des Kuchenblechs, auf dem sie gebacken werden. Das Blech nehmen, umdrehen und die Teigblätter auf dem umgekehrten Blech in der Röhre backen, bis sie braun werden. Die gebackenen Blätter – „Mlinci" – in Stückchen brechen, mit heißem Wasser (oder heißer Milch) übergießen, 10 Minuten stehen lassen, dann abseihen. Die abgeseihten Teigstückchen zur Truthenne geben und noch ungefähr 15–20 Minuten mitbraten. Die fertigen „Mlinci" auf eine Bratenschüssel und die Fleischstücke ringsherum legen.

Das kroatische Zagorien ist als ein Gebiet bekannt, wo viele Truthähne gezüchtet werden. Die gemästeten Truthühner werden im Herbst verkauft und ins Ausland geliefert. Zur gebratenen Truthenne mit Mlinci – einem für diese Gegend kennzeichnenden Gericht – trinkt man die berühmten Weine aus den zagorischen Weinbergen (Zagorske Gorice).

Sauerkohl auf Likaner Art (Lička sarma)

In einer tiefen Kasserolle zuerst eine Schicht Sauerkohl, dann eine Schicht Fleisch, dann wieder eine Schicht

1 kg geräucherte Schweinerippen (oder anderes Schweinefleisch), 1 1/2 kg Sauerkohl, 100 g Rauchspeck, 50 g Schweinefett, ungefähr 1 l Wasser. 6 Personen

Sauerkohl und darüber eine Schicht Fleisch legen. Dies wiederholen, bis der Kohl aufgebraucht ist. Obenauf soll Sauerkohl liegen. Darauf Speckstreifen legen, Fett beifügen und Wasser dazugießen. Den Topf gut zudecken und das Gericht auf mäßigem Feuer 2 Stunden kochen. In manchen Gebieten von Lika bereitete man Sauerkohl mit Rauchfleisch so zu, daß man zwischen die Kohlschichten noch hie und da eine kleine scharfe Paprikaschote hineinsteckte. Den Topf verschloß man oben mit einer Schweinsblase (die man bei der Schweineschlächterei eigens dafür aufbewahrte) und ließ das Essen einige Stunden lang (ungefähr 3–4 Stunden) kochen, dann bis zum nächsten Tag stehen und kochte es dann nochmal eine halbe Stunde lang.

Zu diesem Gericht serviert man Pellkartoffeln, die mit dem Kohlsaft übergossen werden. Anstatt Kartoffeln kann man auch Polenta auftragen.

Gedünsteter Sauerkohl mit Polenta (Pirjeni kiseli kupus sa žgancima)

Sauerkohl wie üblich zubereiten. 500 g Maismehl, 1 1/2 l Wasser, Salz, Fett zum Übergießen. 6 Personen

Das Maismehl in 1 1/2 l kochendes Wasser schütten, salzen, und sobald es zu sieden beginnt, in die Mitte mit einem Kochlöffelstiel ein Loch machen, dann zugedeckt 20 Minuten langsam kochen lassen, worauf man das Ganze gut verrührt.

Die Polenta ist fertig, wenn sich auf dem Topfgrund eine feste Schicht gebildet hat. Dann mit einem Löffel Nockerl ausheben, auf einen Teller legen und mit Fett übergießen.

Schinkenkrapfen (Krofne sa šunkom)

Die gekochten Kartoffeln schälen und durchpassieren. Die Hefe zerquetschen, einen Teelöffel Zucker, ein wenig lauwarme Milch und Mehl dazugeben, umrühren und an einem warmen Ort gehen lassen.

In einer Schüssel die Kartoffeln, das Mehl, die Eidotter, Milch nach Bedarf und die Hefe miteinander vermengen und einen glatten Teig kneten. Den ausgearbeiteten Teig an einer warmen Stelle zugedeckt gehen lassen. Inzwischen aus dem durchgedrehten Rauchfleisch oder Schinken und der Sahne die Fülle rühren. Den Teig auf ein mit Mehl bestreutes Nudelbrett legen und 2 Finger dick auswalken und in zwei gleichgroße Stücke teilen. Auf die erste Teighälfte die Fülle auftragen, und zwar so, daß immer zwischen den Häufchen mit Fülle ein wenig Teig frei bleibt. Mit der zweiten Teighälfte bedecken, dann mit einem Glas Krapfen ausheben und im erhitzten Öl backen. Noch warm mit geriebenem Käse (Käse von der Insel Pag, Parmesan oder Kackvalj) bestreuen.

Diese Schinkenkrapfen kann man als Hauptgericht mit Salat zum Abendessen servieren, aber sie sind auch eine gute Vorspeise und passen ausgezeichnet zu Bier oder Schnaps.

5–6 mittelgroße Kartoffeln,
500 g Mehl, 30 g Hefe, 2 Eier, Milch,
150 g Rauchfleisch oder Schinken,
3 Eßlöffel Sahne,
Salz, Pfeffer, Backöl.
6 Personen

Dalmatien

(Kroatien)

Auf der gastronomischen Karte Jugoslawiens stellt Dalmatien ein besonderes und einheitliches Gebiet dar. Es gehört dem Mittelmeerraum an, wo der Ölbaum seit jeher als der Baum des Lebens gilt. In diesem Sinne ist er tief in die Poesie und in das Schrifttum des sonnigen und steinigen Landes eingeflochten, so wie seine Wurzeln in die ewig durstige und magere Erde eingedrungen sind. Der Ölbaum ist in manchen Orten noch immer das Maß des Reichtums und die Mitgift für die Töchter. Er ist der Ernährer, das Machtsymbol. Bei religiösen Festen und an

Feiertagen tragen die Fischer auf den Inseln und im Küstenland, und auch die Bauern, die in dem Landstrich leben, wo die alten steinernen Städte wie eine Perlenschnur längs der Küste liegen, Ölbaumzweige in den Händen. Die Olive ist das Salböl und das universale Heilmittel des Volkes. Ihr duftendes Öl wurde dem Kloster, dem Altar und dem Edelherrn als Tribut und Geschenk angeboten. Ein geschickter Taucher kann heutzutage noch ohne Mühe eine Amphore von einer versunkenen Galeere, in der die Dubrovniker, die Venezianischen und die Morgenländischen Kaufleute diese „Superware“ eines verschwundenen Marktes beförderten, aus dem Meer ans Tageslicht holen.

In den schattigen, engen mittelalterlichen Straßen der dalmatinischen Städte voller Dome und Paläste duftet die Olive. Von jedem Schiff und jedem Trabakel, auf dem Feuer flackert, verbreitet sich das Aroma des „Fischerbrodettos“. Die Olive ist die Nahrung und die Würze von Dalmatien, dem die Götter eine Fülle von Fischen – diese Nahrung der Helden und Weisen – und wunderbare berauschende Weine geschenkt haben. Alles, was auf diesem geizigen Boden gedeiht, besitzt den bestimmten, intensiven Geschmack und die Farben seines sonnenbestrahlten Klimas.

Die Schiffe brachten jahrhundertelang fremde Einflüsse in die dalmatinischen Städte, doch sorgte die Geschichte dafür, daß der Einfluß der Latiner die tiefsten Spuren hinterließ. Sie waren ja schließlich und endlich auch Nachbarn und Eroberer. Die sich steil zur dalmatinischen Küste senkenden Gebirge trotzten, zusammen mit den Mauern der christlichen Städte, den Angriffen des Feindes aus dem Hinterland, besonders derjenigen, die vom Gebiet jenseits der verhängnisvollen Grenze zwischen dem östlichen und dem westlichen Reich kamen.

Natürlich kann man von der Reinheit einer authentischen dalmatinischen Küche nur bedingt reden. Dalmatien ist das Touristen-Mekka der europäischen und überseeischen Nomaden, die jedes Jahr diesen Teil der Adriatischen

Küste besetzen. Aber derjenige, der wirklich echte dalmatinische Gerichte kennenlernen möchte, kann das in jedem Gasthaus und in jedem dalmatinischen Heim geboten bekommen.

Es beginnt mit der unübertrefflichen dalmatinischen *prsuta* (eine Art Rauchfleisch), mit Schafkäse, der in einem Schafbalg oder in einem Olivenölfaß aufgehoben wird, danach folgt ein Fisch- und Weinfestessen, ganz einfach in seiner Konzeption, aber raffiniert und großartig in seiner Zusammensetzung.

Die hochgewachsenen, muskulösen und dunkelhäutigen Dalmatiner zeigen durch ihr Äußeres, daß sie eine gesunde und dem dalmatinischen Klima angepaßte Nahrung ohne überflüssige Künstlichkeit genießen. Nach jedem dalmatinischen Abendessen folgt Gesang. Die Dalmatiner zeichnen sich wohl durch ein stürmisches Temperament aus, doch sind ihre Bewegungen bedächtig. Sie essen unter einer Weinrebenlaube, im Schatten eines Kellers, unter freiem Himmel, auf Terrassen und auf Balkonen. Danach sind sie imstande, sich zu einer Partie Balot (eine Art Ballspiel) zu begeben oder, was nicht so selten geschieht, auf ein Abenteuer, das sonst in keiner anderen Gegend existiert: Sie bringen jemandem ein Ständchen – eine richtige mittelalterliche Serenade.

Der gastronomische Begriff Dalmatiens fordert einen größeren Raum als der geographische. Die dalmatinische Küche zieht um die Welt, so wie es einst die Dalmatiner taten, als sie auf der Suche nach Arbeit in die Fremde zogen. In allen Gegenden Jugoslawiens sowie auch in den großen europäischen Städten gewinnt die dalmatinische Küche ihre Tempel, in denen mit mehr oder weniger Erfolg der dalmatinische und mediterrane Wein-, Fisch- und Olivenkultus gepflogen wird.

Im Schatten des Ölbaums

Einführung in die dalmatinische Küche

In Dalmatien und an der Kroatischen Küste hat die Nahrungszubereitung ihre Besonderheiten. Im allgemeinen kann man wohl sagen, daß diese Zubereitungsweisen gesund und empfehlenswert sind. Interessant ist in Dalmatien die Art der Zubereitung von Gemüse. Gewöhnlich wird es im eigenen Saft gedünstet oder in Salzwasser gekocht. Auf diese Weise bleiben die nützlichen Bestandteile (Mineralien) erhalten. Die verschiedenen Gemüsearten werden ohne Mehlschwitze zubereitet und sind dadurch leichter verdaulich. Als Fett nimmt man meistens Öl. Dieses wird nicht überhitzt, so daß sich darin keine schädlichen Verbindungen bilden, die sonst in überhitzten Fetten auftreten.

Weiter werden fast zu allen gesalzenen Speisen als Zutaten Knoblauchzehen und Petersilienblätter gebraucht. Roten Paprika nutzt man weniger; als stärkeres Gewürz nimmt man eher Pfeffer. Tomaten sind dagegen dort angebracht, wo man dem Essen eine schöne Farbe zu verleihen wünscht. Zu den besonders häufig gebrauchten Gemüsearten gehört der dem Spinat ähnliche Mangold.

Öl nimmt man in den Küstengebieten und auf den Inseln. Im Inneren des Landes verwendet man mehr Schmalz. An der Küste ißt man verständlicherweise viel Fisch, während man im Inneren des Landes mehr Fleisch verbraucht.

Zur Zubereitung von Süßspeisen nimmt man Mandeln, Nüsse, Rosinen und *Prosek*. Der Prosek ist ein süßes, aber sehr starkes Getränk, das aus getrockneten Trauben hergestellt wird.

Milchprodukte werden weniger verbraucht. Besondere Bedeutung haben einige bekannte Käsesorten, wie der Schafkäse von der Insel Pag und der Käse von Grobnik (Grobnik bei Rijeka im Kroatischen Küstenland).

Spezialitäten aus Dalmatien

Fischsuppe
(Riblja čorba)

Den Fisch schuppen, ausnehmen und gut waschen. In einen großen Topf Wasser füllen, da hinein in dünne Scheiben geschnittene Zwiebel, den Knoblauch, Lorbeerblätter, Salz, Pfeffer, Weinessig und ein Rosmarinblatt geben und alles einige Minuten langsam kochen lassen. Dann den vorbereiteten Fisch dazutun und auf mäßigem Feuer ziehen lassen, bis das Fleisch sich von den Gräten zu lösen beginnt. Den Fisch vorsichtig herausnehmen und auf eine längliche Schüssel legen. Die Brühe abseihen, den vorher ausgelesenen und gewaschenen Reis darin garkochen lassen. Wenn der Reis weich ist, Tomaten und fein gehackte Petersilie dazugeben. Nach Geschmack noch salzen und Zitronensaft oder Weinessig beimengen.

Diese Suppe wird oft von den Fischern auf der See zubereitet. Dann gießen sie sie mit Seewasser auf und geben viel Tomaten dazu. Anstatt frisches Brot tunken sie in die Suppe ein hartes Brot – *Kolac* (Kuchen) oder *Baskot* (Zwieback) genannt.

1 kg Fisch (Seefische), am besten Zahnbrassen, Meeräschen oder Meereber, 1 Zwiebel, 1–2 Knoblauchzehen, 1–2 Lorbeerblätter, einige Pfefferkörner, 3–4 Eßlöffel Weinessig, Petersilie, 2–3 Tomaten (oder 1–2 Eßlöffel Tomatenpüree) Rosmarin, 50–70 g Reis, Zitronensaft.
4 Personen

Kohlsuppe mit Reis
(Čorba od kupusa sa pirinčem)

Den Kohl gut waschen, dann grob nudelig schneiden. Die Zwiebel und die Knoblauchzehen fein hacken. Das Öl erhitzen, die feingehackte Zwiebel dazugeben, ein wenig

300–400 g frischen Kohl, 1 Zwiebel, 2–3 Knoblauchzehen, 3–4 Eßlöffel Öl, 2–3 frische Tomaten (oder 1 Löffel Püree aus der Konserve), 1 1/2 l Wasser, Salz, Pfeffer Petersilie.
4 Personen

rösten, dann den geschnittenen Kohl beifügen und zugedeckt dünsten. Wenn der Kohl etwas weich geworden ist, die feingehackten Knoblauchzehen und die Tomaten dazugeben, alles zusammen noch kurze Zeit dünsten, dann mit anderthalb Liter Wasser aufgießen, salzen und pfeffern. Nachher weiterkochen lassen, bis der Kohl fast gar ist, dann den gewaschenen Reis einkochen und auf mäßigem Feuer weiter kochen, bis der Reis weich ist. Zuletzt noch nach Geschmack gehackte Petersilie und nach Bedarf noch Salz und Pfeffer dazugeben.

Suppe mit Reis (Juha sa pirinčem)

2 l Wasser, 1 Sellerie, 2–3 Möhren, 2 Petersilienwurzeln, 1 Zwiebel, 2–3 Kohl- oder Wirsingblätter, 150–200 g Rindfleisch vom Schlegel, 200 g Rauchfleisch oder Hausschinken, 200 g Lammfleisch, 200 g Huhn, 2 Eßlöffel Hühnerklein, 200 g junge Erbsen, 2 Eßlöffel Tomatenpüree, 3 Knoblauchzehen, 1 Tasse Reis.
8–10 Personen

Die kleingeschnittenen Wurzeln und den Kohl in einem großen Topf mit 2 l Wasser aufsetzen. Wenn das Wasser zu sieden beginnt, salzen, einige Pfefferkörner dazugeben und das Fleisch hinzutun. Zuerst das Rindfleisch und das Rauchfleisch. Wenn dieses halbwegs weich ist, das Lamm- und Hühnerfleisch dazugeben und zugedeckt auf kleinem Feuer kochen.
In einem anderen Gefäß erhitzt man inzwischen das Öl, fügt die fein gehackte Zwiebel, den feinnudelig geschnittenen Magen und die Leber vom Huhn bei, läßt dies ein wenig dünsten, gibt dann die gereinigten jungen Erbsen dazu und dünstet alles zusammen weiter. Wenn die Erbsen fast weich geworden sind, gibt man das Tomatenpüree dazu und läßt alles einige Minuten kochen, dann gibt man die zerquetschten Knoblauchzehen dazu, mengt den gewaschenen Reis bei, rührt alles um und füllt mit etwas Suppe auf. Wenn der Reis weich ist, gießt man die durchgeseihte restliche Suppe darauf; nach Bedarf kann man noch salzen und pfeffern.

Das Suppenfleisch auf einen Teller legen und mit geriebenem Meerrettich auftragen. Die auf diese Art zubereitete Suppe serviert man in Dalmatien bei Festessen, wenn für eine größere Anzahl von

Gästen gekocht wird, besonders gelegentlich der Wein- und Olivenlese oder bei ähnlichen Anlässen.

Panade
(Panada)

200–250 g trockenes Weißbrot,
1 1/2–2 l Wasser, ein Lorbeerblatt,
Pfeffer, 3–4 Eßlöffel Öl,
100 g jungen Schafkäse, 1 Ei.
4 Personen

Das Wasser in einen Topf gießen, das Brot in größere Würfel schneiden und ins Wasser geben und langsam zum Kochen kommen lassen und weiter kochen, bis das Brot ganz weich ist, dann Pfeffer und Lorbeer dazugeben, sämig rühren und einige Löffel Öl beimengen. Den Schafkäse und das Ei in einem anderen Gefäß gut verrühren, dann dem gekochten Brot beimengen, gut verrühren und sogleich auftragen.

Dies ist eine besonders nahrhafte Kombination. Sie wird oft als Abendbrot serviert. In den Gebirgsgegenden Dalmatiens, wo man noch viel Schafe züchtet, bereitet man diese Speise mit Milch zu. In diesem Fall wird sie weder mit Pfeffer noch mit Lorbeer gewürzt.

Bohnen mit Nudeln
(Pašta i fažol)

500 g Bohnen, 300 g Rauchfleisch,
1–2 Eßlöffel geräucherten Speck,
3 Knoblauchzehen, 1 Zwiebel,
200 g Nudeln oder Spaghetti,
1 Lorbeerblatt, Salz, Pfeffer, Petersilie.
4 Personen

Die verlesenen Bohnen waschen und einige Stunden im Wasser einweichen. Wenn sie ein wenig aufgequollen sind, das gewaschene Rauchfleisch dazugeben und im Einweichwasser zusammen kochen, bis alles weich ist.
In einer Pfanne den sogenannten *pest* zubereiten, d. h. geräucherten, in Würfel geschnittenen Speck mit Öl anrösten, die fein gehackte Zwiebel, die fein gehackten oder zerquetschten Knoblauchzehen und ein wenig fein gehackte Petersilie dazugeben. Die auf diese Weise zubereitete Würze den gekochten Bohnen beimengen. Die Nudeln getrennt in Salzwasser kochen, abseihen und den Bohnen beifügen. Nach Bedarf Pfeffer und ein Lorbeerblatt beifügen und zusammen noch kurze Zeit kochen lassen. Zum Schluß fein gehackte Petersilie dazugeben. Das Fleisch extra servieren.

Risotto von Tintenfisch
(Rižot od liganja)

500 g Tintenfisch, 2 Eßlöffel Öl,
1 Zwiebel, 2 Knoblauchzehen,
2–3 Eßlöffel Weinessig,
250–300 g Reis, Salz, Pfeffer.
4 Personen

Die Kalamari (eine besondere Art kleiner Tintenfische) gut reinigen, den durchsichtigen Knochen aus der Mitte entfernen, waschen. (Besonders darauf achten, daß man die Blase mit der schwarzen Flüssigkeit nicht beschädigt.) Dann die Kalamari samt ihren Armen in Stücke schneiden.

Das Öl in einer Kasserolle erhitzen, die feingehackte Zwiebel dazugeben, dünsten, bis die Zwiebel bräunlich wird, dann die zerquetschten Knoblauchzehen, ein wenig gehackte Petersilie, Salz, Pfeffer und den Weinessig beifügen. Einige Minuten kochen, dann die vorbereiteten Kalamari hineingeben und zugedeckt noch 20 Minuten dünsten. Nach Bedarf noch warmes Wasser daraufgießen. Wenn das Fleisch fast weich ist, den gewaschenen und in einer reinen Serviette abgetrockneten Reis dazugeben. Den Reis zusammen mit den Kalamari noch ein wenig anrösten, dann warmes Wasser dazugießen und zugedeckt auf mäßigem Feuer gardünsten.

Risotto von Scampi
(Rižot od škampa)

500 g gereinigte Scampi,
250 g Reis, 2 Eßlöffel Öl,
Salz, Pfeffer, 2 Mohrrüben
1 Petersilienwurzel, 1 Zwiebel,
50 g geriebenen Käse (Parmesan oder Käse von der Insel Pag – ***paski sir*****),**
1 Eßlöffel Tomatenmark.
4 Personen

Die Scampi reinigen, gut waschen und kochen. Dann von der Hülle (Kruste) befreien. Das Öl erhitzen und die in Würfel geschnittenen Wurzeln dazugeben, dünsten, dann die vorbereiteten Scampi hineingeben, mit Wasser oder Wein aufgießen und dünsten lassen. Wenn sie fast weich sind, das Tomatenmark beimengen und den gewaschenen Reis und alles zusammen anrösten, dann warmes Wasser und ein wenig von der Brühe, in der die Scampi gekocht wurden, darauf gießen. Salzen, pfeffern, ein wenig Petersilie beigeben, gut vermischen und auf kleinem Feuer dünsten. Die Kasserolle von Zeit zu Zeit schütteln. Den fertigen Risotto mit geriebenem Parmesan oder Käse von der Insel Pag bestreuen.

Risotto mit Gemüse (Rižot sa povrćem)

**250 g Reis, 2 Zwiebeln,
60 g Butter oder Olivenöl,
2–3 rote Paprikaschoten,
2 Mohrrüben, 200 g junge Erbsen,
200 g frische Tomaten,
100 g Pager Käse,
Salz, Pfeffer, Petersilie.
4 Personen**

Das Öl erhitzen, darin die fein gehackten Zwiebeln anrösten, dann die jungen Erbsen beifügen (man kann auch Erbsen aus der Konserve nehmen, nur werden sie dann erst gegen Ende der Dünstzeit beigefügt) und alles zusammen dünsten, bis es weich wird. Die Tomaten waschen, die Schale abziehen (das geht am leichtesten, wenn man die Tomaten einen Augenblick lang in siedendes Wasser eintaucht), in kleine Stückchen schneiden, dem Gemüse beifügen und zusammen weiterdünsten. Den Reis waschen und in einer reinen Serviette gut abtrocknen, dem gedünsteten Gemüse beimengen und ungefähr ein Liter heißes Wasser darauf gießen (dem man auch einen Suppenwürfel beifügen kann), gut vermischen, salzen, pfeffern und am Ende noch fein gehackte Petersilie dazutun. Auf kleiner Flamme dünsten. Den fertigen Risotto reichlich mit geriebenem Pager Käse bestreuen.

Der auf diese Weise zubereitete Reis ist in Dalmatien und im Küstenland eine beliebte Speise. Auf der Insel Pag werden die berühmten Pager Schafe gezüchtet. Darum ist diese Insel auch wegen dem sehr schmackhaften Käse bekannt, der hier auf eine besondere Weise hergestellt wird. Der reife Käse ist hart und schmeckt pikant säuerlich.

Gesottener Zahnbrasse (Kuvani zubatac)

**1 Zahnbrasse von 1 bis 1 1/2 kg,
1 Zwiebel, 2–3 Eßlöffel Olivenöl,
einige Pfefferkörner, 2 Lorbeerblätter,
Petersilie, Zitronensaft, Weinessig,
Oliven, Kapern.
4 Personen**

Die Zahnbrasse läßt sich leichter reinigen, wenn man sie vorher einige Augenblicke in heißem Wasser stehen läßt. Danach entfernt man die Schuppen, die Kiemen und das Eingeweide. Den Fisch gut waschen. In einem flachen Gefäß Wasser zustellen, dem man die Zwiebel, ein wenig Öl, einige Pfefferkörner und die Lorbeerblätter beifügt, den Fisch hinzutun und alles zusammen auf kleinem Feuer 40–50 Minuten kochen lassen. Wenn der Fisch weich ist, nimmt man ihn vorsichtig heraus und legt ihn auf eine längliche Schüssel. Noch heiß soll der Fisch reichlich mit Öl begossen und gepfeffert werden. Zitronensaft, Weinessig, Oliven und Kapern getrennt auftragen, so daß sich jedermann nach Wunsch bedienen kann.

In Dalmatien wird die Zahnbrasse (und auch andere Fischarten) auf diese Art zubereitet, ohne pikante Soßen, weil sonst der besondere Fischgeschmack verdrängt wird. Zum Fisch serviert man gewöhnlich Salat von irgendeinem gekochten Gemüse.

Gesottener Kabeljau auf Matrosenart (Bakalar kuvan po mornarski)

1 kg Kabeljau, 3–4 Knoblauchzehen, Petersilie, Salz, Pfeffer, 6–8 Eßlöffel Olivenöl oder gewöhnliches Öl, Zitronensaft oder Weinessig. 4 Personen

Den Kabeljau eine Zeitlang im Wasser stehen lassen, dann schuppen. Den Fisch mit kaltem Wasser zustellen (das Wasser nicht salzen, da der Kabeljau im ungesalzenen Wasser rascher weich wird). Auf kleiner Flamme langsam weich kochen. Wenn es so weit ist, die Flossen und die Gräten entfernen, den Kabeljau in Stücke schneiden und in eine reine Kasserolle legen, salzen, pfeffern, die fein gehackten Knoblauchzehen, fein gehackte Petersilie, das Öl und ein wenig von der Brühe, in der man den Fisch gekocht hat, beifügen. Die Kasserolle zudecken und so lange tüchtig schütteln, bis der Saft dick und weiß wird. Kartoffeln getrennt kochen und ganz oder in Scheiben geschnitten zum Kabeljau auftragen.

Zu dem auf diese Art zubereiteten Kabeljau serviert man dalmatinischen Rotwein.

Marinierte gebackene Sardellen (Pržene sardele u marinatu)

Die Sardellen waschen, gut abtropfen lassen und abtrocknen. Wenn sie trocken sind, in Mehl wälzen und eine Zeitlang stehen lassen. In einer Bratpfanne das Öl erhitzen und die Fischlein darin backen. Die gebackenen Sardellen in eine Porzellanschüssel schichten und salzen. In einem anderen Gefäß ein viertel Liter Öl (Olivenöl), Weinessig, Zucker, gehackten Knoblauch, gehackte Petersilie, Pfeffer und Rosmarin vermengen, bis zum Sieden erhitzen, dann abkühlen und über die Sardellen gießen. Vor dem Gebrauch einige Stunden stehen lassen.

1 kg größere Sardellen
1/4 l Öl und Backöl, 1/8 l Weinessig,
2 Zuckerwürfel, 4–5 Knoblauchzehen,
Pfeffer, einige Rosmarinzweigchen.
6 Personen

Diese Sardellen werden gewöhnlich einen Tag vor dem Gebrauch zubereitet. Dazu wird gekochtes Gemüse (Mangold oder Spinat) aufgetragen.

Sardellen mit Zitronen
(Sardele sa limunom)

Die Sardellen waschen, ausnehmen und die Köpfe entfernen. In die Kasserolle etwas Öl gießen und die Sardellen nebeneinander hineinlegen, salzen, pfeffern und mit der geriebenen Schale von einer halben Zitrone bestreuen. Den Saft von 2–3 Zitronen und das restliche Öl darüber gießen und auf mäßigem Feuer 15–20 Minuten kochen.

500 g Sardellen, 2–3 Zitronen,
gut 1/8 l Öl, Salz, Pfeffer, Petersilie.
4 Personen

Abgekühlt auftragen. So zubereitet können die Fische an einem kalten Ort einige Tage aufbewahrt werden.

Gebratene Makrelen
(Pečene skuše)

Die Fische ausnehmen, waschen, dann gut abtropfen lassen und abtrocknen, einsalzen und mit Öl bestreichen. Den Rost erhitzen und die Fische darauf legen und braten. Während der Bratzeit mehrmals umwenden, so daß die Fische gleichmäßig gebraten werden. Die gebratenen Makrelen mit Öl übergießen, mit gehacktem Knoblauch und gehackter Petersilie bestreuen und warm auftragen.

1 kg Makrelen, 6–8 Eßlöffel Öl,
3–4 Knoblauchzehen, Petersilie.
6 Personen

Zu den so zubereiteten Fischen serviert man Kartoffelsalat und am häufigsten dalmatinischen Rotwein. Die Makrelen (oder auch größere Sardellen) können auch auf einem kleinen Spieß gebraten werden. Das ist eine Spezialität der Insel Vis.

Pikante Makrelen (Pikantne skuše)

1 kg Makrelen, 6 Eßlöffel Öl, 3 Eßlöffel Weinessig, Salz, Pfeffer, 2 hart gekochte Eier.
6 Personen

Die Fische reinigen, der Länge nach vom Kopf bis zum Schwanz zerschneiden, die Flossen entfernen, die Köpfe abschneiden.
Die auf diese Weise vorbereiteten Fische in eine Schüssel legen. Aus Öl, Weinessig, Salz und Pfeffer eine Marinade bereiten und über die Fische gießen. Ungefähr 30 Minuten stehen lassen. Dann den Rost erhitzen, die Fische darauf legen und auf beiden Seiten braten.

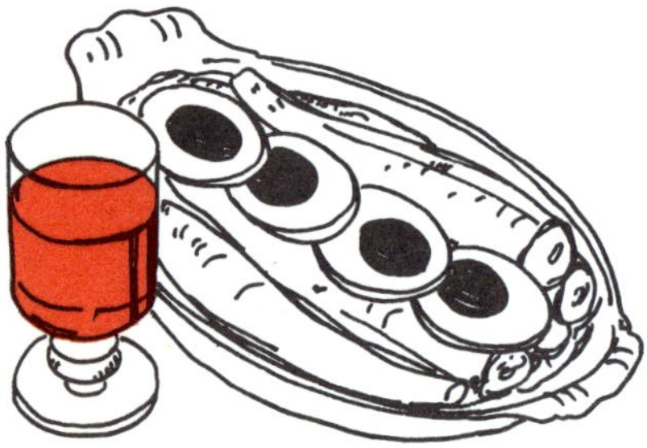

Zu den auf solche Art zubereiteten Fischen serviert man Salat und hart gekochte Eier. Dies ist eine Spezialität aus Zadar und seiner Umgebung. Von den Köpfen, den Flossen und dem Eingeweide bereitet man dort eine schmackhafte Suppe zu, in welche man Reis einkocht.

Im Saft gebratene Sardellen (Sardele pečene u soku ‚buzara')

1 kg Sardellen, 3 Eßlöffel Öl, 2 Zitronen, 2–3 Knoblauchzehen, Petersilie, Salz, Pfeffer.
6 Personen

Die Sardellen waschen, das Eingeweide herausnehmen, die Köpfe abschneiden. Die Fische salzen, pfeffern. In einen tiefen Teller das Öl gießen, dann den Zitronensaft, die gehackte Petersilie und die gehackten Knoblauchzehen dazugeben und mit der Gabel gut verrühren und die Fische damit übergießen. Eine Kasserolle ausfetten und darin in der vorher erwärmten Bratröhre die Sardellen ungefähr 45 Minuten braten. Die auf diese Art zubereiteten Fische können auch 1–2 Tage stehen.

In Istrien werden die Sardellen oft so zubereitet. Man bestreut sie auch häufig mit Semmelbröseln.

Dazu serviert man Salat und trinkt einen leichten Wein aus Istrien.

Gebratene Thunfischhnitzel (Odresci od tunjevine)

500 g Thunfisch, 1/2 l Öl, 6 Eßlöffel Öl, 1/2 l Wasser, 1 Büschel Petersilie, 2–3 reife Tomaten, Salz, Pfeffer. 4 Personen

Den Fisch waschen (falls die Haut sehr hart ist, wird sie entfernt). Den Fisch abtropfen lassen oder einen Augenblick auf ein reines Tuch legen. Dann ungefähr 1/2 cm dicke Schnitzel schneiden. In einer größeren Schüssel 1/2 l Öl und 1/2 l Wasser mit dem Schneebesen gut verrühren. Die Schnitzel in diese Flüssigkeit legen und mindestens eine Stunde, oder noch länger, stehen lassen. Inzwischen die Petersilie fein hacken, die Tomaten waschen und in dünne Scheiben schneiden. In eine etwas größere Kasserolle Öl gießen und 2–3 Löffel Wasser beifügen, salzen, pfeffern und die gehackte Petersilie dazugeben. In diese Soße zuerst die dünn geschnittenen Tomaten schichten und dann den vorbereiteten Thunfisch darauflegen. In der vorher erhitzten Bratröhre braten. Während der Bratzeit den Thunfisch mit der Soße begießen. Wenn der Fisch weich ist, mit Zitronenscheiben verzieren, warm auftragen (man kann ihn aber auch kalt servieren).

Die Fischer bereiten Thunfische gern auf diese Art zu, darum wird diese Speise auch „Thunfisch auf Fischerart“ genannt.

Thunfisch - Brodetto (Tunjevina na brodet)

1 kg Thunfisch, 3 Eßlöffel Öl, 1 größere Zwiebel, Salz, Pfeffer. 3–4 Knoblauchzehen, 1 Lorbeerblatt, einige Rosmarinblättchen, Petersilie, 4–5 Eßlöffel Tomatenmark oder ungefähr 1 kg frische Tomaten, ein wenig Mehl. 6 Personen

Den Thunfisch waschen, in Schnitzel schneiden, abtrocknen und in Mehl wälzen. In einer Kasserolle das Öl erhitzen und die Thunfischschnitzel darin ausbacken. Die fertigen Schnitzel herausnehmen und im Backöl die fein gehackte Zwiebel dünsten, bis sie hellbraun wird, dann die fein gehackten Knoblauchzehen, Petersilie, die in Scheiben geschnittenen Tomaten oder das Tomatenmark,

das Lorbeerblatt und die Rosmarinblätter hinzutun. Alles zusammen aufkochen lassen, salzen und pfeffern. In diese Soße die gebackenen Thunfischschnitzel legen.
Auf mäßigem Feuer noch ungefähr 45–50 Minuten kochen.

Zum Brodetto serviert man meistens Polenta (die man auch anstatt Brot ißt) oder die sogenannte „Krumpirica" – eine aus Maismehl oder auch aus Weizenmehl und Kartoffeln zubereitete Speise. Zum Brodetto gehört eigentlich ein guter roter dalmatinischer Wein.

Fischer-Brodetto (Ribarski brodet)

3/4 kg–1 kg verschiedene Fische (Makrelen, Sardellen, Thunfische, Zahnbrassen),
300–400 g Zwiebeln,
1 kg reife Tomaten,
4–5 Knoblauchzehen,
1 Büschel Petersilie,
einige Sellerieblätter, Salz, Pfeffer
1/8 l Öl, 3 Eßlöffel Weinessig,
Wasser nach Bedarf.
6 Personen

Die Fische reinigen, waschen und in größere Stücke schneiden. In eine größere Kasserolle zuerst die fein gehackten Zwiebeln, dann die vorbereiteten Fischstücke legen und darüber die in dünne Scheiben geschnittenen Tomaten geben. Mit gehackter Petersilie und gehacktem Knoblauch bestreuen. Nach Geschmack salzen und pfeffern. Das Ganze mit Öl und Weinessig übergießen. Nach Bedarf Wasser dazugießen, so daß die Flüssigkeit alles bedeckt. Zugedeckt auf mäßigem Feuer dünsten. Während des Dünstens die Kasserolle mehrmals gut schütteln, das Gericht selbst darf nicht umgerührt werden.

Brodetto mit unreifen Trauben (Brodet sa nezrelim groždjem)

750 g blauen Fisch (Makrelen, Thunfische, Bonitos),
1/8 l Backöl, 4–5 Zwiebeln,
5 Knoblauchzehen,
1 Büschel Petersilie,
1 große unreife Weintraube,
4–5 Tomaten,
Salz, Pfeffer, Lorbeerblätter, Brot.
4 Personen

Die Fische reinigen, schnell waschen und gut abtropfen lassen. Die größeren Fische in Stücke schneiden. In eine Kasserolle einige Löffel Öl gießen und die Zwiebeln darin braun rösten. Dann die gehackten Knoblauchzehen und die fein gehackte Petersilie dazugeben, die gewaschenen Weinbeeren und die in dünne Scheiben geschnittenen Tomaten beifügen, salzen, pfeffern und mit warmem Wasser aufgießen. In diese Soße die vorbereiteten Fische legen und zugedeckt auf kleiner Flamme dünsten lassen. Die Kasserolle mehrmals gut schütteln.

Das Brot in Scheiben schneiden und in einer Bratpfanne in erhitztem Öl rasch anrösten. Auf jeden Teller eine Brotscheibe legen und darüber den Brodetto gießen.

Gefüllte Kalamari Tintenfische (Punjeni lignji)

4 junge Kalamari,
eine Tasse Semmelbrösel,
Pfeffer, Salz, 4–5 Knoblauchzehen,
Petersilie, 6 Eßlöffel Öl.
4 Personen

Die Kalamari gut waschen. Aus dem „Sack" den Kopf und die Arme herausziehen und den Knochen und die Blase mit der „Tinte" entfernen. Die Arme und den Kopf (ohne Augen) in kleine Stücke schneiden. Folgende Fülle bereiten:
In einer Schüssel die Semmelbrösel mit Salz und Pfeffer mischen, die gehackte Petersilie und die gehackten Knoblauchzehen dazugeben und alles gut vermengen. Mit dieser Fülle die „Säcke" der Tintenfische füllen. In eine Kasserolle ein wenig Öl gießen und die gefüllten Tintenfische der Reihe nach hineinlegen. Dazwischen die zerschnittenen Arme und Köpfe legen und jedes Stück mit Öl übergießen. In der vorher erhitzten Bratröhre die Tintenfische weich braten. Während der Bratzeit kann man etwas Wasser dazugießen, besonders wenn die Röhre stärker erhitzt ist.

Man serviert dazu gehackte Petersilie und Knoblauchzehen, so daß jedermann sich nach Wunsch bedienen kann.

Gulasch wie man es in Rijeka zubereitet (Riječki gulaš)

200 g Rindfleisch,
200 g Schweinefleisch,
100 g Kalbfleisch oder Lammfleisch,
1 Zwiebel, 2 kleinere Wirsingköpfe,
2–3 Kartoffeln, 2 Knoblauchzehen,
50 g Rauchspeck, Petersilie.
4 Personen

Das Öl erhitzen und die sehr fein gehackte Zwiebel darin andünsten, dann das vorher gewaschene und in Würfel geschnittene Fleisch dazugeben und dünsten, bis es weich wird. Mehrmals warmes Wasser dazugießen. Die Wirsingköpfe waschen, jeden Kopf in vier Teile schneiden und in einem anderen Topf in Salzwasser kochen. Den gekochten Wirsing abseihen und dem schon weichen Fleisch beifügen. Die Kartoffeln schälen, waschen, in Scheiben schneiden und zu dem Fleisch mit dem Wirsing legen. Auf mäßigem Feuer gar kochen. Den Rauchspeck in Würfel schneiden, rösten, die gehackten Knoblauchzehen und Petersilie beifügen und dies dem fast schon fertigen Gulasch beimengen. Alles zusammen noch einige Minuten aufkochen lassen, dann gleich servieren.

Auf diese Art wird das Gulasch im Küstenland zubereitet. Anstatt Wirsing kann man auch Kohl nehmen, der auf dieselbe Weise zubereitet wird.

Rinderfilet auf dalmatinische Art (Govedja pečenica filet-lumbul po dalmatinski)

**500 g Rinderfilet,
50 g Öl oder Schmalz,
2–3 Knoblauchzehen,
1 Büschel Petersilie, Salz, Pfeffer,
Zitronensaft, Semmelbrösel.
4 Personen**

Das Rinderfilet waschen und mit Salz und Öl einreiben. In einer Kasserolle ein wenig Schmalz zerlassen und das Filet darin in der Röhre braten, bis es weich ist. Das gebratene Filet herausnehmen und abkühlen lassen. In eine andere Kasserolle 3 Löffel Öl gießen. In das noch kalte Öl die ganz fein gehackten Knoblauchzehen und die Petersilie beifügen, ein wenig dünsten. Das in Scheiben geschnittene Fleisch hineinlegen, den Bratensaft daraufgießen und zugedeckt noch ungefähr 25 Minuten auf mäßigem Feuer dünsten. Vor dem Auftragen in die Soße Zitronensaft träufeln.

Zu dem auf diese Art zubereiteten Rinderfilet am besten Bratkartoffeln und irgendeinen Salat servieren. Auf dieselbe Weise können Hühnchen oder Rebhühner zubereitet werden.

Schweinefilet auf dalmatinische Art (Svinjska pečenica po dalmatinski)

**500 g Schweinefilet,
50 g Rauchspeck, Salz, Pfeffer.
1 Zitrone, 2 Eßlöffel Öl,
2 Knoblauchzehen,
Petersilie, Zitronensaft. 4 Personen**

Das Schweinefilet waschen, salzen, pfeffern. Den Rauchspeck in dünne Scheiben schneiden. Das Filet mit den Speckscheiben und Zitronenscheiben belegen, diese mit Hölzchen feststecken und das Fleisch in eine Kasserolle legen und braten. Während der Bratzeit ein wenig Wasser dazugießen und dann das Filet mit dem so gewonnenen Saft mehrmals übergießen. Das fertige Filet in schöne Stücke schneiden. In eine andere Kasserolle Öl gießen, die gehackte Petersilie und die zerdrückten Knoblauchzehen dazugeben, ein wenig dünsten, dann das geschnittene Fleisch darauf legen, Bratensaft darauf gießen und noch ungefähr 15 Minuten alles zusammen kochen lassen. Vor dem Auftragen Zitronensaft beimengen.

Dalmatinische Fleischklößchen (Dalmatinske polpete)

150 g Rindfleisch vom Nacken,
250 g Schweinefleisch, Petersilie,
eine kleine Zwiebel,
3 Knoblauchzehen,
1–2 Eier, Salz, Pfeffer, griffiges Mehl,
6 Eßlöffel Öl, 4 mittelgroße Tomaten.
4 Personen

Das Fleisch waschen und durch den Fleischwolf drehen. Die Zwiebel, die Knoblauchzehen und die Petersilie fein hacken und mit dem Ei, Salz, Pfeffer und dem durchgedrehten Fleisch gut vermengen. Dann kleine Klößchen formen und in Mehl wälzen. In einer Kasserolle Öl heiß werden lassen, die Fleischklößchen darin backen. Wenn die Klößchen gebacken sind, die in Scheiben geschnittenen Tomaten dazwischen legen und zugedeckt auf mäßigem Feuer dünsten, bis die Tomaten weich sind. (Die Soße nach Bedarf salzen).

Man serviert die Klößchen mit Kartoffelpüree oder Nudeln.

Frische Schweinerippen mit Kohl (Svinjska sveža rebra sa kupusom)

400–500 g frische Schweinerippen,
1 kg Weißkohl, 2 Eßlöffel Schmalz,
4 Knoblauchzehen, Petersilie,
2–3 Eßlöffel Tomatenmark,
Salz, Pfeffer, 40 g Rauchspeck.
4 Personen

Die frischen Schweinerippen waschen, ein wenig mürbe klopfen und in heißem Schmalz rasch braten. Den Kohl waschen und grobnudelig schneiden, in Salzwasser aufkochen und dann abseihen. In eine Kasserolle eine Lage Rippen, dann eine Lage Kohl schichten, bis alles aufgebraucht ist, dann mit *pest* übergießen und zugedeckt auf kleiner Flamme dünsten bis alles weich ist. Pest bereitet man auf folgende Weise zu: Den Rauchspeck rösten, den fein gehackten Knoblauch und die gehackte Petersilie dazugeben und mitrösten. Wenn der Knoblauch

bräunlich geworden ist, das Tomatenmark beifügen, nach Bedarf noch ein wenig Wasser dazugießen und aufkochen lassen.
Dazu reicht man Pellkartoffeln.

Schweinskopf (Svinjska glava)

**1 Schweinskopf, 2–3 Mohrrüben,
1 Petersilienwurzel, 1/2 Sellerieknolle,
2–3 Lorbeerblätter,
Salz, Pfefferkörner,
einige Löffel Weinessig,
1 kleine Zwiebel,
2–3 Knoblauchzehen.
4 Personen**

Den Schweinskopf gut waschen, die Härchen entfernen, halbieren und das Hirn herausnehmen. Die geputzten, in Scheiben geschnittenen Wurzeln in einem großen Topf mit Wasser aufsetzen, Pfeffer, Salz, Lorbeerblätter und einige Löffel Weinessig beifügen und zum Kochen bringen. Dann den vorbereiteten Kopf hineingeben und so lange kochen, bis das Fleisch sich von den Knochen löst. Das Fleisch noch warm durch den Fleischwolf drehen, nach Bedarf salzen und pfeffern. Aus dem durchgedrehten Fleisch einen großen Kloß formen und in eine reine Serviette binden und kühl stellen. Wenn er ganz kalt ist, in Scheiben schneiden und auf Brotschnitten oder mit Polenta servieren. Man kann es auch als Salat zubereiten. In diesem Fall schneidet man das gekochte Fleisch in Stückchen, übergießt sie mit Weinessig und Öl, gibt gehackte Zwiebeln und ein wenig Knoblauch dazu.

Dieses Gericht serviert man gewöhnlich im Winter als Abendbrot. Philipp-Jakob ist ein kleiner Ort an der Küste. Obwohl man im Küstenland weniger Schweine züchtet, ist es hier Sitte, daß fast jede Familie für die Wintermonate ein Schwein mästet. Daher erscheint diese Spezialität gerade in dieser Gegend.

Hammelfleisch-Brodetto (Ovčetina na brodet)

Das Fleisch waschen, den überflüssigen Talg entfernen und in Würfel schneiden. Das Öl in einer Kasserolle erhitzen, die fein gehackte oder in Scheiben geschnittene

Zwiebel dazugeben, dann eine Reihe Fleisch darauf legen, pfeffern, mit fein gehacktem Knoblauch und Petersilie bestreuen. Darüber die gewaschenen und in Scheiben geschnittenen Tomaten legen. Wenn alles aufeinander geschichtet ist, mit Wasser übergießen (bis zur halben Höhe der Kasserolle). Nach Bedarf salzen und pfeffern. Zudecken und auf mäßigem Feuer kochen, bis das Fleisch und das Gemüse weich sind.

Zu diesem Hammelfleisch serviert man eine Kartoffelspeise, Teigwaren oder Polenta.

500 g Hammelfleisch (von der Keule), 3–4 Knoblauchzehen, Petersilie, 1 große Zwiebel, Salz, Pfeffer, 500 g firsche Tomaten, 6 Eßlöffel Öl. 4 Personen

Feine Soße zu gesottenem Fisch (Fini umak za ribu, kuvanu)

Die Eidotter vom Eiweiß trennen. Die Eidotter gut zerquetschen, den Weißwein, das Öl und die Fischbrühe beifügen, alles zusammen im Wasserbad unter Rühren erhitzen bis es dick wird. Dann vom Feuer nehmen, die gehackten Kapern, den Zitronensaft, die gehackte Gurke, die gehackten Sardellen oder die Sardellenpaste beifügen. Nach Bedarf salzen und pfeffern.
Diese Soße hat einen ausgezeichneten pikanten Geschmack und wird zu gesottenem Fisch aufgetragen. (Mit dieser Soße kann man auch Fischpudding übergießen.) Das Eiweiß wird fein gehackt und der Fisch damit bestreut und mit Zitronenscheiben und Petersilie verziert.

3–4 hart gekochte Eier, 1/8 l Weißwein, 40 g Butter oder 2–3 Eßlöffel feines Öl, 1/8 l Fischbrühe, 1 Zitrone, 2 Eßlöffel gehackte Kapern, 1 saure Gurke, 2–3 gesalzene Sardellen (oder Sardellenpaste). 4 Personen

Eine rasch zubereitete Sardellensoße (Brzi hladni umak od sardelica)

Die Eidotter vom Eiweiß trennen und gut zerquetschen. Zuerst die Sardellenpaste dazugeben, dann allmählich das Öl und den Zitronensaft darunter rühren, die gehackte Petersilie und nach Wunsch auch die gehackte Knoblauchzehe beifügen. Die Soße gut verrühren. Wenn die Soße zu dick geworden ist, einige Löffel Weinessig dazugeben.

1/2 Tube Sardellenpaste, 3 hart gekochte Eier, Weinessig, Petersilie, 1 Knoblauchzehe (nach Geschmack), 3–4 Eßlöffel Öl, Zitronensaft. 4 Personen

Diese Soße paßt ausgezeichnet zu kaltem gesottenem Fisch oder zu hart gekochten Eiern. Man kann sie auch als Fülle für gefüllte Eier nehmen oder auf Brot schmieren.

Tomatensoße auf Fischerart (Šalša od pomidora)

750 g reife Tomaten, 2 Zwiebeln, 3–4 Knoblauchzehen, Petersilie, Sellerieblätter, 2 Eßlöffel Öl, Salz, Pfeffer, Wasser nach Bedarf.
4 Personen

Die Tomaten waschen und in Scheiben schneiden. Die Zwiebeln, die Knoblauchzehen, Petersilie und Sellerieblätter fein hacken, alles in eine Kasserolle geben, Öl darauf gießen, salzen, pfeffern und zugedeckt auf stärkerem Feuer dünsten. Die Tomaten müssen vollkommen zerfallen. (Nach Belieben kann man die Tomaten vor dem Dünsten schälen.)

Man serviert diese Soße gewöhnlich zu auf dem Rost gebratenem Fisch. Aber man kann sie auch zu Kartoffeln oder Reis auftragen.

Mangold (Blitva)

500 g Mangold, 2–3 Eßlöffel Öl, 2 Knoblauchzehen, Salz, Pfeffer.
4 Personen

Den Mangold waschen. Wenn die Blätter sehr groß sind, die Stengel entfernen. In einer Kasserolle Öl erhitzen, den gewaschenen Mangold hineingeben, dann die gehackten Knoblauchzehen beifügen und salzen. Zugedeckt auf mäßigem Feuer dünsten. Nach Bedarf noch warmes Wasser dazugießen. Den gekochten Mangold pfeffern. Den auf diese Weise zubereiteten Mangold serviert man zu verschiedenen Fleischsorten.

Dies ist auch eine ausgezeichnete Beilage zu Rühreiern, aber am besten paßt sie zu jungem Lammfleisch.
(Spinat kann auf dieselbe Weise zubereitet werden.)

Mangold mit Tomaten
(Blitva sa paradajzom)

In eine Kasserolle das Öl gießen, erhitzen, die fein gehackte Zwiebel dazugeben und ein wenig dünsten. Die Tomaten waschen, schälen, in kleine Stückchen schneiden, die gehackten Knoblauchzehen, Salz und Pfeffer der Zwiebel beifügen. Zugedeckt dünsten, bis der Saft dick wird. In einem anderen Gefäß den Mangold in Salzwasser kochen. Wenn er weich ist, abseihen und die vorbereitete Soße darüber gießen.

1 kg reife Tomaten, 6 Eßlöffel Öl,
1 Zwiebel, 2 Knoblauchzehen,
1 kg Mangold, Salz, Pfeffer.
4 Personen

Dies ist eine sehr schmackhafte Speise und wird häufig im Küstenland zubereitet, besonders als Abendessen zur Polenta oder zu Kartoffeln.

Gekochte junge Kürbisse
(Kuhane tikvice)

Die Kürbisse waschen und schälen. Kleine Kürbisse können ganz bleiben, die größeren in dicke Scheiben schneiden. Das Wasser zustellen, und wenn es zu sieden beginnt, salzen und etwas Essig dazugeben und die Kürbisse darin kochen. Wenn sie weich sind, abseihen, mit heißem Öl übergießen und pfeffern. Über die noch heißen Kürbisse kann man auch geriebenen Käse streuen, und anstatt Öl kann man zum Übergießen zerlassene Butter nehmen.

6–7 junge Kürbisse,
ein wenig Weinessig,
5–6 Eßlöffel Öl,
50 g geriebener Käse,
ein wenig Butter.
4 Personen

Wenn die Kürbisse kalt aufgetragen werden, dann mit Öl und Essig übergießen.

Gedünstete Kürbisse
(Pirjane tikvice)

Die Kürbisse waschen, (wenn sie jung sind, braucht man sie nicht zu schälen) dann in kleine Würfel schneiden. In einer Kasserolle das Öl erhitzen, die feingehackte Zwiebel dazugeben, dünsten, bis sie hellbraun wird. Dann die

1 kg Kürbisse, 3–4 Eßlöffel Öl,
1 Zwiebel, Salz, Pfeffer,
2–3 Knoblauchzehen, Petersilie,
2–3 Eßlöffel Tomatenmark. 4 Personen

Kürbisse, die fein gehackten Knoblauchzehen, Salz, Pfeffer, das Tomatenmark und nach Bedarf ein wenig Wasser beifügen. Zugedeckt dünsten, bis die Kürbisse weich werden. Kurz vor dem Auftragen gehackte Petersilie daraufstreuen.

Die auf diese Weise zubereiteten Kürbisse sind eine ausgezeichnete Beilage zu gebratenem und gebackenem Fleisch.

Kartoffelsalat mit gesalzenen Sardellen (Salata od krompira sa slanim sardelama)

**1 kg Kartoffeln, 3 gesalzene Sardellen,
1 Zwiebel, 3 Eßlöffel Öl,
Salz, Pfeffer, Weinessig.
4 Personen**

Die Kartoffeln samt der Schale kochen. Wenn sie gar gekocht sind, schälen und in Scheiben schneiden. Die Zwiebel in Scheiben schneiden oder fein hacken. Die Kartoffeln mit Öl übergießen, Salz, Pfeffer, die gehackte Zwiebel, Essig und die fein gehackten Sardellen dazugeben und vermengen. Den Kartoffelsalat läßt man eine Weile stehen, damit die Marinade gut in die Kartoffeln einziehen kann.

Linsensalat (Salata od leće)

**250 g Linsen, 1 saurer Apfel,
1 Zwiebel, 2 Knoblauchzehen,
2 gesalzene Sardellen,
Salz, Pfeffer, 4 Eßlöffel Öl,
Essig nach Geschmack.
4 Personen**

Die Linsen waschen und in Salzwasser kochen. Die gekochten Linsen abseihen. (Die Brühe von den Linsen für eine Suppe aufbewahren.) Den Apfel in kleine Würfel schneiden, die Zwiebel und die Knoblauchzehen fein hacken und die Sardellen in kleine Stückchen schneiden. Das Öl über die Linsen gießen, dann Essig, den fein geschnittenen Apfel, die Zwiebel und die Sardellen hinzutun. Pfeffer und die gehackten Knoblauchzehen beifügen, vermengen und stehenlassen.

Dieser Linsensalat wird gewöhnlich zu gekochten Eiern, zu einem Omlett oder zu Rühreiern serviert.

Istriche Fritule
(Istarske fritule)

500 g Mehl, 120 g Staubzucker, eine Prise Salz, ein wenig Zimt, 2 Gewürznelken, Muskatnuß, Zitronen- und Apfelsinenschalen, 1/2 l Weißwein, 10 g Hefe.
6 Personen

Die Hefe mit etwas Milch, Zucker und Mehl verrührt an einem warmen Ort gehen lassen.
Das Mehl durchsieben, den Zucker, etwas Salz, Zimt, gestoßene Nelken, die geriebenen Zitronen- und Apfelsinenschalen und 2 Eßlöffel Öl dazugeben.
Alle Zutaten mit dem Mehl vermengen, die gegangene Hefe und zuletzt den vorher erwärmten Wein allmählich daruntermischen. Den Teig gut ausarbeiten, bis er glatt wird (ungefähr 15–20 Minuten), dann gehen lassen. Mit dem Löffel kleine Klößchen vom Teig abstechen und in heißem Öl backen. Mit Staubzucker bestreuen und warm auftragen.

Die *Fritule* sind eine beliebte Süßspeise in Dalmatien und im Küstenland. Sie werden nach den verschiedenen Zutaten und Gewürzen, die man ihnen beifügt, verschieden benannt. In diesen Gegenden werden nicht so häufig süße Speisen zubereitet, sondern meistens nur bei feierlichen Anlässen. Die Fritule werden gewöhnlich im Winter gemacht, wenn die Hausfrauen über etwas mehr freie Zeit verfügen.

Mürber Teig mit Quarkfülle
(Prisnac)

250 g Mehl, 120 g Butter oder 100 g Schmalz, 60 g Zucker, 2 ganze Eier, Vanille, Zitronenschale, 500 g Quark, 4 Eier, 70–80 g Zucker, 1 Tasse Sahne.
6 Personen

Die Butter rühren, bis sie flaumig wird, dann zuerst den Zucker und die ganzen Eier, dann die geriebene Zitronenschale und das Mehl beimengen. Daraus einen glatten Teig ausarbeiten. Den Teig in der Größe des Backblechs auswalken und auf das Blech legen. Auf den Teig folgende Fülle legen:
Den Quark durch ein Sieb streichen, dann den Zucker, ein wenig Vanille, 4 Eidotter, die Sahne und die geriebene Zitronenschale beimengen. Das Eiweiß zu einem festen Schnee schlagen und leicht in die Masse hineinrühren. Diese Fülle gleichmäßig über den Teig ver-

teilen. In der mäßig erwärmten Backröhre (175°C) ungefähr 45–50 Minuten backen.

Dieser Kuchen wird besonders häufig in den Ortschaften in der Nähe von Benkovac zubereitet; darum nennt man ihn noch *prisnac* von Bendovac.

Palatschinken mit Mandeln (Palačinke sa bajumima)

1/4 l Milch, 1 Ei, 120 g Mehl, Backöl, Salz, 100 g Mandeln, Zitronensaft, Zucker, 1 Glas Weißwein, Vanille, Sahne.
4 Personen

Das Ei in einen Topf schlagen und rühren bis es schaumig wird, dann abwechselnd ein wenig Milch und ein wenig Mehl darunterrühren und salzen. Von diesem Teig in der Bratpfanne in heißem Öl Palatschinken backen.
Die Mandeln mahlen, mit Zucker vermischen und ein wenig Zitronensaft darauf träufeln. Auf jede Palatschinke ein wenig davon verteilen und einrollen. In eine feuerfeste Schüssel ein Glas Weißwein gießen und die Palatschinken darauf legen. Mit Zucker bestreuen, mit der vorher verrührten Sahne übergießen und in der erwärmten Bratröhre noch ein wenig backen.

Kaštelaner Torte (Svečana kaštelanska torta)

6 Eier,
200 g Mandeln oder Nüsse,
70 g Schokolade, 200 g Zucker,
70 g in Wein eingeweichte Semmelbrösel.
Glasur:
75 g Würfelzucker, 2 Eßlöffel Wasser,
50 g Schokolade,
100 g zerlassene Butter
oder 1 Eßlöffel Öl.
10 Personen

Die Nüsse oder Mandeln mahlen. Die Schokolade reiben. Die Semmelbrösel in Wein einweichen. Den Zucker und die Eidotter rühren, bis die Masse schaumig wird, dann abwechselnd die Mandeln, die Semmelbrösel, die Schokolade und zuletzt den festen Schnee vom Eiweiß darunter rühren. Die auf diese Weise zubereitete Masse in ein vorher mit Öl oder Butter ausgeschmiertes und mit Mehl bestreutes Tortenblech geben. In der auf 175°C erwärmten Bratröhre ungefähr 40 Minuten backen.
Danach die Torte vorsichtig herausnehmen, abkühlen lassen und mit der Glasur übergießen. Diese bereitet man auf die folgende Weise zu:
In einen Topf 75 g Würfelzucker geben und mit 2

Eßlöffeln Wasser übergießen. Auf das Feuer stellen und während des Kochens die Schokolade beimengen. Der Glasur einen Eßlöffel Öl beifügen, damit sie einen schönen Glanz bekommt.
Die Torte obenauf mit einer Blume aus Mandeln und Zitronenscheiben verzieren.

Honigplätzchen (Medenjaci)

250 g Mehl,
3 Eßlöffel Olivenöl, Vanillezucker,
Salz, Muskatnuß, Zimt,
Zitronenschale, 1 Tasse Rosinen,
Staubzucker, Safran, etwas Wein,
1 Tasse Honig.
4 Personen

Das Mehl durchsieben und in ein Porzellangefäß geben, dann Öl, Vanillezucker, geriebene Muskatnüsse, Zimt und den in Wein eingeweichten Safran beimengen. Dieser Masse den Honig beifügen und daraus einen glatten Teig ausarbeiten. Den ziemlich harten Teig rasten lassen, dann mit dem Nudelholz 1/2 cm dick auswalken. Mit Keksmodeln verschiedene Formen ausstechen und in ein gebuttertes Backblech legen und in der vorher erhitzten Backröhre backen.

Die Honigplätzchen sind erst nach 2–3 Tagen gut. Diese Kuchenart wird besonders häufig auf der Insel Brac zubereitet. Diese Insel ist ihrer Schönheit wegen bekannt. Auf der Insel gibt es viele Weinberge, und darum sind auch die Weine von Brac sehr berühmt. Die Honigplätzchen werden hier mit Wein genossen. Man taucht sie in Wein ein und ißt sie dann.

Slawonien und Wojwodina (Kroatien und Serbien)

Die Leute aus der Ebene – Slawonier und Wojwodiner – leben auf einem fruchtbaren, zum Ackerbau geeigneten Boden. Sie behaupten, daß ein Brotlaib oder ein Kürbis für sie richtige Berge sind, obwohl die beiden Gebiete auch ihre Berge besitzen: Slawonien – den Papuk, Wojwodina – die Fruska Gora. In ihren Dörfern stehen die Häuser nebeneinander in langen, regelmäßigen Reihen. Mit ähnlichen großen Haustoren und Einfahrten, mit den großen Scheunen und Höfen gleichen sie einander wie Eier. Man könnte meinen, daß die Leute hier sehr still

sind, doch trifft dies nicht zu. Sie überraschen einen sogar durch ihr Temperament: Nirgends gibt es so stürmische Fröhlichkeit wie in Slawonien und Wojwodina, obgleich ihre Aussprache gedehnt ist, wie bei den Einwohnern von Texas, und man erwarten würde, daß in dieser eintönigen Ebene ein eintöniges Leben geführt wird.

An Feiertagen, bei Hochzeiten, auf Jahrmärkten erscheinen sie in der malerischen Volkstracht: In weiten weißen Hosen, mit Hüten und Pelzkappen, mit festen Stiefeln; die Frauen tragen zahlreiche Unterröcke und Röcke, Tücher und Bänder. Sie tanzen Reigen (Kolo) und singen zur Tamburitza lustige Volkslieder (zu denen man auch tanzt) und rezitieren geistreiche, oft laszive Verse, die ihre epikureische Mentalität verraten. Es ist kaum zu glauben, daß diese Frucht in so einer gar nicht erregenden Landschaft endloser Äcker aufgegangen ist!

Slawonier, Syrmier, Banater, die Bewohner der Batschka (Umgebung der Stadt Sombor) und die Bunjevci (aus der Umgebung von Subotica) zusammen mit den Ungarn, Rumänen, Slowaken, Tschechen und Ukrainern, die unter ihnen leben, haben ihre eigenen Sitten und Trachten bewahrt, doch im Essen und Trinken haben sie voneinander alles ausgeborgt, was gut ist. Zwar halten sie sich alltags zurück und essen mäßig und vernünftig, aber an Feiertagen bleibt bei der großen Auswahl an Genüssen nichts anderes übrig, als sich zu überessen.

Die Gegenden Moslawina, Fruska Gora und Vrsacka Pescara schenken ihnen gute Weine, und so ist es kein Wunder, daß es in dieser Ebene keine ausgesprochene Askese gibt.

Man backt oft Kuchen, die Nahrung schwimmt und schmort in Fett, alles ist dick und üppig. Und dann geschieht das Unerwartete: Die sonst gutmütigen und rotbäckigen Leute, die im Durchschnitt wohl etwas dicker sind, als sie sein sollten, mit einem gesunden Humor, dessen Zielscheibe oft sie selbst sind, werden bei Unterhaltungen und Feierlichkeiten manchmal übermütig; dann gibt es gebrochene Rippen und noch ärgere Dinge. So sagt man z. B. in Syrmien, daß ein junger Mann, der nie

in einer Schlägerei mit dem Messer „gepelzt" (geimpft) worden ist, kein richtiger Mann sei.

Ihre Städte sind, ebenso wie ihre Dörfer, weit voneinander entfernt, doch hat jede einen Marktplatz mit einem Rathaus und einer Kirche. Hier gibt es mehr Turmuhren an Kirchen und öffentlichen Gebäuden als in jeder anderen Gegend. Die Bewohner dieser Ebene waren unter den ersten Leuten, die den Faktor „Zeit" ernst zu nehmen begannen. Sie waren auch unter den ersten, die Klaviere in Bauernhäuser einführten, so wie sie heutzutage ganz selbstverständlich Haushaltsmaschinen aller Art einsetzen. Jetzt sind sie im Begriffe, ihre schweren, gut gefütterten und gepflegten Pferde durch Schlepper und Kraftwagen zu ersetzen.

Auf ihren Flüssen – der Save, der Theiß, der Donau und dem Begej – sind sie gute Fischer, so wie sie auf ihren Äckern gute Landarbeiter sind. Sie besitzen Gestüte, Fischteiche, Silos, Zuckerfabriken und Betriebe, die Lebensmittel und Futtermittel produzieren. Mit einem Wort – dies ist das fortgeschrittenste landwirtschaftliche Gebiet von Jugoslawien. In Slawonien und Wojwodina finden sich auch heute zahlreiche Jagd-Reviere. Es gibt also nichts, das nicht vorhanden wäre. Die örtliche Selbstverwaltung besitzt eine feste Tradition. Die Zahl der Kulturvereine und Theater ist groß; es werden viele Festivals veranstaltet. Jedes größere Dorf besitzt eine Bibliothek und ein Kulturheim. Die Slawonier und Wojwodiner sind leidenschaftliche Sportler.

Allgemein genommen hat in diesen Gebieten das üppige Leben ein besonderes Klima geschaffen, in dem man rasch und leicht alles Neue aufnimmt. Dazu hat wohl auch der Kolonisierungsprozeß beigetragen: Aus den, vom landwirtschaftlichen Gesichtpunkt aus, passiven Gegenden zogen Leute hierher und siedelten sich an; so vermischte sich das Blut. Das erklärt vielleicht jene Wucht, die hier in Fröhlichkeit und Tanz unerwartet und mächtig wie ein Geysir ausbricht.

Möglichkeiten in Fülle

Einführung in die slawonische und wojwodinische Küche

Die zwischen dem östlichen und westlichen Teil unseres Landes liegenden Gebiete haben in der Zubereitungsweise von Speisen teilweise die Kennzeichen der Wiener und teilweise diejenigen der orientalischen Küche aufgenommen. Wojwodina steht vorwiegend unter dem Einfluß der ungarischen Küche.

Suppen werden von Geflügel oder Rindfleisch gekocht. Das Suppenfleisch serviert man gesondert mit einer Soße von Tomaten, Weichselkirschen, Rettich oder Zwiebeln. Ohne Suppe läßt sich das Sonntagsmittagessen in einer slawonischen oder wojwodinischen Familie nicht ausdenken.

In diese Suppe werden fast immer haardünne Suppennudeln eingekocht. Die Hausfrau stellt sie selbst her, und sie gelten als Maßstab ihrer Geschicklichkeit.

Fleisch wird sehr oft als Paprikasch oder Gulasch zubereitet; diese Speisen schmecken sehr scharf, da sie meistens mit scharfem roten Paprika gewürzt werden. Eine der häufigsten Zutaten zu diesen oder anderen Fleischspeisen mit Soßen ist Sahne, wovon die Gerichte wohl einen ausgezeichneten Geschmack gewinnen, aber auch schwerer verdaulich werden. Eine häufige Beilage zu Paprikasch sind Nudeln oder Mehlnockerl. Bekannt ist *Truthahnpaprikasch mit Nockerln.*

Von den *Rauchfleischprodukten* sollen besonders der *slawonische Kulen* und *syrmische Würste* als dauerhafte Selchwaren hervorgehoben werden. Von den frisch zubereiteten und sogleich zu verbrauchenden – Blutwurst,

Leberwurst und Schwartenmagen. Außerdem ist noch der Rauchspeck zu nennen, ohne den es keine Mahlzeit bei der Arbeit auf den fruchtbaren Äckern dieser Gegenden gibt.

Gemüse wird als *Beilage* mit einer Mehlschwitze zubereitet.

Als *Gewürz* nimmt man ziemlich oft Zwiebeln, Knoblauch, Lorbeerblätter, Pfeffer, Petersilienblätter usw.

Salat wird aus Kopfsalat, Tomaten, Paprikaschoten und in der Saison auch aus Weißkohl zubereitet. Auch Kartoffeln werden oft in Form von Salat gegessen.

Mehlspeisen: Nudeln werden als süße oder gesalzene Speise zubereitet. Man serviert sie mit Mohn, Quark, Nüssen usw. Kohlfleckchen (Krautfleckerl) werden hier oft zubereitet.

Als Sonntagskuchen wird Strudel aus Hefeteig mit Mohn-, Nuß- oder Weichselfülle aufgetragen. Von den gezogenen Strudeln soll besonders der Kürbisstrudel hervorgehoben werden.

Verschiedene Arten von Torten zu feierlichen Anlässen, wie Hochzeiten u.a., weisen den Reichtum des Hausherrn und die Geschicklichkeit der Hausfrau nach.

Von Milchprodukten gibt es in den Gegenden, wo Schafe gezüchtet werden, z. B. in der Umgebung der Stadt Sombor, bekannte Käsesorten. Besonders berühmt ist der *Somborer Käse.*

Spezialitäten aus Slawonien und Wojwodina

Gebratene Gänseleber (Pečena mlada guščija džigerica)

2–3 Gänselebern, 1 größere Zwiebel, roter Paprika, Öl, Salz, Pfeffer.
4 Personen

Die Leber soll von einer gemästeten Gans sein. Man bereitet sie zu wie folgt: Die Leber waschen und abtropfen lassen. In die Pfanne ein wenig Öl gießen und die Leber in das heißgewordene Öl geben. Die Zwiebel in dünne Scheiben schneiden. Die Leber mit Paprika bestreuen und dann die Zwiebel dazugeben. Mit erwärmtem Öl übergießen, zudecken und in vorgewärmter Röhre (oder auf dem Herd) kurz dünsten. Während des Bratens ein wenig warmes Wasser dazugießen. Wenn die Leber weich ist, nimmt man sie aus der Pfanne heraus und läßt sie abkühlen. Die kalte Leber wird in dünne Scheiben geschnitten, auf einen Teller gelegt und mit Zwiebelscheiben, sauren Gurken oder ähnlichem garniert.

In Slawonien und Wojwodina wird Gänseleber oft auf diese Art zubereitet. Man serviert sie als Vorspeise oder zum Abendbrot mit Salat.

Gänseleberpastete (Pašteta od guščije džigerice)

Das Öl in einer Pfanne erhitzen, die gewaschene und abgetropfte Leber dazugeben, zudecken und gardünsten. Dann die Leber herausnehmen und ein wenig abkühlen

2 Lebern, 2 Eßlöffel Öl, 1 Zwiebel, 3–4 Eier, 50 g Butter, 2–3 saure Gurken, Salz, Pfeffer, Paprika, etwas Senf, Sardellenpaste.
4 Personen

lassen, mit der Zwiebel, den Gurken und den hartgekochten Eiern durch den Fleischwolf drehen. (Eventuell mehrmals.) Die Butter schaumig rühren und mit der durchgedrehten Masse und den Gewürzen gut vermengen. Dann formt man daraus eine Kuppel, die man auf eine größere Platte legt und mit sauren Gurken und hartgekochten Eiern, Petersilie usw. verziert.

Diese Pastete kann als Vorspeise, mit geröstetem Brot, zu einem Gläschen slawonischen *Sliwowitz* oder *Kajsijevaca* (in Wojwodina gebrannter Aprikosenschnaps) oder aber zu den bekannten Weinen von Ilok, Fruska gora oder Pozega oder zu anderen leichten Weinen serviert werden.

Schweineleberpastete aus Srem (Sremska pašteta od svinjske džigerice)

750 g frische junge Schweineleber, 150–200 g frischer Speck, 100 g Weißbrot (ohne Kruste), 70 g Butter, 1 Zwiebel, 1 Lorbeerblatt, Salz, Pfeffer, etwas Kognak oder starker Schnaps.
8 Personen

Die gewaschene Leber in kleine Stücke schneiden. Das Brot in der Milch einweichen. Die Leber, das Brot, die Zwiebel, den Speck und das Lorbeerblatt durch den Fleischwolf drehen. Die Butter gut verrühren, die durchgedrehte Masse dazugeben, salzen, pfeffern, einige Eßlöffel Kognak oder Schnaps beifügen und vermischen. Eine Pastetenform mit Öl ausschmieren und mit Semmelbröseln bestreuen. Die Lebermasse hineingeben. Die gut verschlossene Form in einen Topf stellen, ihn bis zum Rand der Pastetenform mit Wasser füllen, zudecken und auf mäßigem Feuer 60–70 Minuten kochen. Danach die Pastete in der Form abkühlen lassen und dann erst herausnehmen. Die Pastete an einem kalten Ort aufbewahren und nach Bedarf schneiden und auftragen.

Diese Art Pastete kann einige Tage aufgehoben werden. In Srem wird sie während der intensiven Feldarbeiten zum Frühstück gegessen.

Eier mit Hirn (Jaja mozgom)

Das Hirn in warmem Wasser, dem Salz und etwas Essig beigefügt wurde, waschen, die Haut und die schwarzen

Äderchen entfernen, danach auf dem Sieb abtropfen lassen. In der Pfanne (oder noch besser in einer feuerfesten Schüssel) Fett oder Öl erhitzen und die feingehackte Zwiebel darin rösten. Das Hirn in kleine Stücke schneiden, die geröstete Zwiebel damit vermengen und zusammen noch kurze Zeit braten lassen. Wenn das Hirn fertig ist, die feingehackte Petersilie, Salz und Pfeffer dazugeben. Die Dotter vom Eiweiß trennen, aus dem Eiweiß festen Schnee schlagen, einige Eßlöffel Milch oder Sahne dazugeben und dem fertigen Hirn langsam beimengen. Mit der gewaschenen Eierschale vier Löcher in diese Masse machen und in jedes Loch ein Dotter geben. Das Gefäß mit dem Hirn in die vorgewärmte Röhre stellen und so lange backen, bis die Dotter fest geworden sind. In demselben Gefäß auftragen.

2 Stück Hirn, 40 g Fett,
1 Zwiebel, Petersilie, 4 Eier,
etwas Milch oder Sahne,
Salz, Pfeffer.
4 Personen

Omelett mit gerösteten Paprikaschoten (Omlet sa prženim paprikama)

Die gewaschenen Paprikaschoten trocknen und auf dem Herd oder in der Röhre backen. Wenn die Schoten gebacken sind, mit einem feuchten Tuch bedecken, kurz stehen lassen, dann die dünne Haut und die Samen entfernen, durch den Wolf drehen, in Öl dünsten und dann salzen. Die Eier gut verrühren, Mehl, Milch und Salz dazugeben und von dieser Masse in einer mit Öl oder Fett ausgeschmierten Pfanne Omeletten (4–5 Stück) backen. Dann jedes Omelett mit den zubereiteten Paprika bestreichen, in der Mitte zusammenfalten und gleich servieren.

Auf diese Art zubereitete Omeletten serviert man als Vorspeise und in der Paprikaschoten-Saison auch als Mittagessen oder Abendbrot mit Salat.

10–12 fleischige Paprikaschoten,
1–2 scharfe kleine Paprika,
2–3 Eßlöffel Öl oder Fett,
4 Eier,
einige Löffel Mehl und Milch,
Backöl.
4 Personen

Palatschinkentorte mit jungem Käse (Quark) (Torta od palačinaka sa mladim sirom)

Den Teig für die Palatschinken vorbereiten (das Ei gut verrühren, das Mehl und die Milch abwechselnd

Pfannkuchenteig:
1 Ei, 120 g Mehl, 1/4 l Milch,
etwas Salz, Öl oder Fett zum Backen.
Fülle:
500 g junger Schafkäse, 3–4 Eier,
100 g Kajmak, 1 ganzes Ei,
etwas Milch.
4 Personen

beimengen, salzen. Der Teig soll flüssig und glatt sein). Das Fett erhitzen, die Eierkuchen backen.
Den Käse gut verrühren, Dotter, Salz und den festen Schnee vom Eiweiß langsam hineinrühren.
In eine feuerfeste Schüssel zuerst einen Pfannkuchen legen, mit der Käsefülle bestreichen, darauf wieder einen mit Fülle bestrichenen Pfannkuchen legen und so fort. Obenauf soll ein Pfannkuchen liegen. Etwas Fülle übrig lassen und den mit etwas Milch und einem Ei verrührten Kajmak beigeben und die „Torte" damit übergießen. In der erwärmten Röhre etwa 20–25 Minuten backen.

Gibanitza von Makkaroni (Gibanica od makarona)

500 g Makkaroni,
1 Eßlöffel Öl oder Fett,
Fülle für die Gibanitza:
4–5 Eier, 500 g Käse (etwas reiferer),
150 g Kajmak (alter),
1–2 Eßlöffel Öl.
4 Personen

Die Makkaroni in Stücke brechen und in genügend siedendem Salzwasser kochen. Wenn sie gekocht sind, abseihen, mit lauwarmem Wasser übergießen und abtropfen lassen. In der Pfanne Öl erhitzen, die abgetropften Makkaroni hineingeben, aufwärmen, vom Herd nehmen und ein wenig stehen lassen. Die Dotter, den Käse und Kajmak gut verrühren und den festen Schnee vom Eiweiß langsam dem Käse beimengen, dann die Makkaroni darunterheben. In eine Pfanne oder in ein feuerfestes Gefäß ein wenig Öl gießen, die mit dem Käse vermischten Makkaroni hineingeben, glattstreichen, mit erhitztem Öl bespritzen und in der vorgewärmten Röhre so lange backen, bis die Oberfläche Farbe bekommt.

Die so zubereiteten Makkaroni sind eine vortreffliche Vorspeise oder mit grünem Salat oder Sauermilch, ein Mittagessen oder Abendbrot.

Schinkenfleckerln (Flekice sa šunkom)

Von Eiern, Salz, Mehl und Wasser einen Teig kneten. In 3 Teile teilen, eine kurze Zeit stehen lassen, dann auswalken und antrocknen lassen. Dann kleine Vierecke

(Fleckerln) schneiden, mit Mehl bestreuen und auf dem Nudelbrett ausgebreitet weiter trocknen lassen.
Die Butter gut verrühren, die Dotter dazugeben, dann den gehackten gekochten Schinken und die Sahne beimengen. Aus den Eiweiß einen festen Schnee schlagen und langsam dem Schinken beimengen. Dann den Teig in Salzwasser kochen, abseihen, mit lauwarmem Wasser übergießen und abtropfen lassen. Die Fleckerln mit dem zubereiteten Schinken vermischen und in eine gut gefettete, mit Semmelbröseln bestreute Auflaufform geben und in der vorgewärmten Röhre backen. Wenn sich ringsum eine Kruste bildet, dann sind die Schinkenfleckerln fertig. Sie werden auf eine Platte gestürzt und als Hauptspeise zum Mittag- oder Abendessen mit einem Salat warm aufgetragen.

Statt den Teig selbst anzufertigen, kann man auch fertige Teigwaren kaufen und sie auf dieselbe Art zubereiten.

Für den Teig, der wie Nudelteig zubereitet wird:
500 g Mehl, 2 Eier, Salz, etwas Wasser.
Für die Fülle:
5 Eier, 50 g Butter, 6 Eßlöffel Sahne, 200 g gekochter Schinken oder Selchfleisch.
4 Personen

Krautfleckerln (Flekice sa slatkim kupusom)

Den Krautkopf von den beschädigten Blättern reinigen, in der Mitte durchschneiden, dann in dünne Streifen schneiden. In das heiße Öl einen Löffel Zucker geben und dünsten, bis der Zucker leicht gelb wird, dann das Kraut beigeben und zugedeckt dünsten, bis das Kraut weich wird und eine hellbraune Farbe bekommt.
Die Fleckerln in Salzwasser kochen, abseihen, mit lauem Wasser übergießen, abtropfen lassen, dann mit dem Kraut vermischen, pfeffern und warm auftragen.

Dieses Gericht wird meistens als Hauptgericht an „fleischlosen“ Tagen aufgetragen. Gewöhnlich wird dazu Kompott von frischem Obst serviert.

Den Teig für diese Fleckerln wie im vorherigen Rezept herstellen
1 größerer Krautkopf, 2 Eßlöffel Öl, Salz, Pfeffer, etwas Zucker.
4 Personen

Serviettenstrudel mit Käsefülle (Kuvana uvijača sa sirom)

Die Kartoffeln in der Schale kochen, schälen und gleich durchpassieren. Butter, Eier, Salz, Mehl dazugeben und

1 kg Kartoffeln,
2 Eier, 40 g Butter, Salz,
100–150 g Mehl (soviel, daß man mit den Kartoffeln einen Teig kneten kann), 500 g Sahnequark,
2–3 Eier, Salzwasser,
Brösel und Butter zum Übergießen.
4 Personen

schnell einen glatten Teig ausarbeiten. Auf dem mit Mehl bestreuten Brett den Teig 1 Finger dick rund auswalken. Den ausgewalkten Teig mit folgender Fülle bestreichen: Den Käse durch ein Sieb streichen, die Dotter und den Schnee vom Eiweiß beimengen. Dann den Teig langsam einrollen, auf eine saubere, mit Butter beschmierte Serviette legen und die Enden gut zubinden. In eine größere Kasserolle Wasser gießen, salzen und zum Kochen bringen, dann den Teig hineinlegen und auf mäßigem Feuer (es soll langsam kochen) etwa 20 Minuten kochen lassen, dann die aus dem Wasser ragende Hälfte nach unten drehen und noch mal so lange weiter kochen lassen. Den gekochten Strudel vorsichtig herausnehmen, ein wenig abkühlen lassen, aus der Serviette herausnehmen und in Scheiben schneiden und den Teig mit in Butter gerösteten Semmelbröseln übergießen.

Der Strudel wird als Hauptgericht mit Salat oder Kompott serviert oder er kann als Vorspeise aufgetragen werden.

Semmelkloß aus Slawonien (Slavenska knedla od žemičaka)

40 g Butter, 3 Eier,
3–4 Semmeln (Brötchen oder Weißbrot),
etwa 1/2 l Milch, Käse zum Bestreuen,
Salzwasser zum Kochen.
4 Personen

Die Semmeln in Milch einweichen. Die Butter gut verrühren, ein ganzes Ei und zwei Dotter dazugeben. Wenn die Semmeln weich sind, werden sie ausgedrückt und mit der Butter und den Dottern und etwas Salz gut vermischt. Eine saubere Serviette mit Öl einfetten, auf die Mitte den zu einem großen Kloß geformten Teig legen, alle vier Serviettenenden zusammenbinden, an einen Kochlöffel hängen, in einen Topf mit kochendem Wasser geben und 30 Minuten auf mäßigem Feuer kochen. Den fertigen Kloß aus der Serviette heben, auf eine Schüssel legen, mit warmer Butter übergießen und mit geriebenem hartem Käse bestreuen.

Diese Art Kloß wird oft mit Salat zum Abendessen serviert. Ohne Käse ist er als Beilage zu Wild oder Hühnerpaprikasch oder zu anderem „a la Wild“ zubereitetem Fleisch geeignet.

Suppe von Fischrogen
(Čorba od ikre)

Die Fischrogen waschen, die Haut entfernen, in eine tiefe Schüssel geben und mit Wasser (mit einigen Tropfen Essig oder Zitronensaft) übergießen, stehen lassen. In einem Liter Wasser das geputzte Suppengrün, einige Pfefferkörner, Salz und das Lorbeerblatt auf mäßigem Feuer kochen. Wenn das Grünzeug weich ist, wird es in Würfel geschnitten. Das Mehl in erhitztem Öl rösten, dann mit dem Grünzeugwasser aufgießen und wenn es kocht, die zubereiteten Fischrogen beifügen, etwa 20 Minuten unter ständigem Rühren kochen. In der Suppenschüssel die Dotter gut verrühren, die Sahne beimengen und unter langsamem Rühren die fertige Suppe darauf gießen und mit Zitronensaft und gehackter Petersilie würzen.

Diese Suppe wird in Wojwodina, besonders in den Orten an der Donau und der Theiß, wo sehr gute Fische gefangen werden, zubereitet.

40 g Fett oder Öl, 40 g Mehl,
Rogen von Flußfischen,
1 Büschel Suppengrün, Salz, Pfeffer
1 Lorbeerblatt, 6 Eßlöffel Sahne,
Zitronensaft, Petersilie, 1–2 Eidotter.
4 Personen

Schweinepaprikasch
(Paprikaš od svinjskih iznatrica i mesa)

Das Eingeweide und das Fleisch waschen. Die Nieren in kaltem Wasser (oder in Milch) ziehen lassen, die Zunge mit heißem Wasser übergießen und die Haut abziehen. Das Hirn von der Haut und den Äderchen reinigen, in Stücke schneiden und getrennt zustellen. Die Zwiebeln in Scheiben schneiden. In heißem Fett die Zwiebeln, das in Streifen geschnittene Herz und die Zunge mit dem in Würfel geschnittenen Fleisch zusammen dünsten. Wenn es halbwegs weich ist, salzen, mit Paprika bestreuen, das nötige Wasser darauf gießen und alles zusammen gardünsten. Zum Schluß das Hirn dazugeben. Die Sahne verrühren, das Mehl beigeben, mit dem fertigen Gericht vermischen und aufkochen. Das Paprikasch muß dick sein, nicht wässerig. Vor dem Auftragen Zitronensaft oder Essig beigeben.

Herz, Nieren, Hirn
Zunge vom Schwein,
250–300 g Schweinefleisch
ohne Knochen,
250 g Zwiebeln
(etwa 3 Zwiebeln mittlerer Größe),
Paprika, 6 Eßlöffel Sahne,
1 Eßlöffel Mehl.
6 Personen

Schweinepaprikasch wird gewöhnlich zum Abendbrot am Schlachttag zubereitet, wozu man die nächsten Nachbarn und gute Freunde einlädt. Zu diesem Gericht Nudeln oder „Schupfnudeln“ aus Kartoffelteig servieren! Als „guten Tropfen“ reicht man einen her vorragenden Wein aus Slawonien oder Wojwodina dazu.

Hühnerpaprikasch mit Nockerln (Pileći paprikaš sa noklicama)

1 größeres Huhn, 2 größere Zwiebeln, 1–2 Paprikaschoten, 2–4 Tomaten, 2 Eier, 2 Eßlöffel Öl, 40 g Butter, roter Paprika, Petersilie, Pfeffer. 6 Personen

Das Huhn reinigen, waschen und in Stücke schneiden. Die Zwiebeln putzen, in Scheiben schneiden und in heißem Öl anschwitzen, salzen, die Paprikaschoten putzen, in Scheiben oder größere Stücke schneiden und den Zwiebeln beigeben. Gleich danach mit rotem Paprika abstauben, das gesalzene Huhn dazugeben und zugedeckt dünsten. Zum Schluß die geschälten zerkleinerten Tomaten beigeben, durchrühren und auf kleinem Feuer weich kochen.

In der Zwischenzeit die Nockerl zubereiten:

50 g Butter oder Fett, 2 Eier, 300 g Mehl, etwa 1/4 l Wasser, Salz, Salzwasser zum Kochen, ein wenig Öl oder Fett für die fertigen Nockerl.

Die Butter oder das Fett schaumig rühren, die Eier beifügen, dann abwechselnd das lauwarme Wasser und das Mehl beimengen, salzen. Einen weichen Teig ausarbeiten. Der Teig soll so weich sein, daß man davon mit einem Teelöffel Nockerl abstechen kann. Wenn das gesalzene Wasser im Topf siedet, die mit dem Teelöffel ausgehobenen Nockerl ins Wasser geben und auf mäßigem Feuer kochen. Wenn die Nockerl an der Oberfläche erscheinen, noch einige Minuten weiterkochen lassen, dann herausnehmen, abseihen und in dem heißen Fett schwenken.

Die Nockerl können getrennt vom Paprikasch aufgetragen werden oder aber man legt sie in die Mitte einer tiefen Schüssel, ringsherum das Fleisch und übergießt sie mit dem Paprikaschsaft.

Sekelj-Gulasch
(Sekelji-gulaš)

In das heiße Öl oder Fett die gehackten Zwiebeln geben, dünsten, dann das in Würfel geschnittene Fleisch beifügen und zusammen weiter dünsten, bis es einigermaßen weich ist, dann den roten Paprika und den Pfeffer dazugeben und zugedeckt alles zusammen etwa 25 Minuten dünsten. Das Sauerkraut beigeben, mit warmem Wasser aufgießen und zugedeckt auf mäßigem Feuer weich dünsten. Dann in eine Schüssel geben und mit der Sahne in einem Kännchen extra servieren.

400 g Schweinefleisch (am besten von der Lende),
1 kg Sauerkraut, 2 Zwiebeln,
2 Eßlöffel Öl, Salz, roter Paprika,
6 Eßlöffel Sahne.
4 Personen

Eine sehr gute Beilage zum Sekelj-Gulasch ist Polenta aus Maismehl oder Pellkartoffeln.

Mussaka vom Sauerkraut
(Musaka od kiselog kupusa)

In heißem Fett eine gehackte Zwiebel rösten, das Kraut beigeben und zusammen weich dünsten. Das Fleisch durch den Wolf drehen oder in kleine Würfel schneiden. In einem anderen Topf Fett erhitzen, das Fleisch beigeben und zusammen anrösten, salzen, Paprika und Pfeffer dazugeben und weich dünsten. Den Reis wie gewohnt kochen.

In einer Pfanne (oder in einem feuerfesten Gefäß) abwechselnd eine Lage Kraut, eine Lage Fleisch und eine Lage Reis schichten. Obenauf soll das Kraut sein. Die Sahne oder die Sauermilch mit ein wenig süßer Milch verrühren und mit einem Dotter vermischen, salzen und über die Mussaka gießen und in der Röhre überbacken.

1 1/2 kg Sauerkraut,
400 g Schweinefleisch,
2 Zwiebeln, 100 g Reis, Salz, Pfeffer,
roter Paprika, Sahne, 1 Eidotter.
4 Personen

Zander in Sahnesoße
(Smuđ u umaku od pavlake)

Den Zander putzen und waschen. In einem länglichen Gefäß Wasser zum Kochen bringen, das gereinigte Suppengrün, Salz und Pfeffer darin kochen, bis das

1 Zander (1–1 1/2 kg),
1 Bund Suppengrün, Salz, Pfeffer,
Zitronensaft, 1/8 l Sahne,
1 Teelöffel Mehl, 40–50 g Butter.
4 Personen

Gemüse weich wird. Dann in das Wasser Zitronensaft geben (oder vorher den Zander mit Zitronensaft beträufeln), den Fisch in das kochende Wasser legen und auf mäßigem Feuer kochen, damit er nicht zerfällt. Inzwischen die Soße bereiten:
In einem kleinen Gefäß die Butter auflösen, die mit Mehl vermischte Sahne beigeben und auf kleinem Feuer einige Minuten kochen. Den gekochten Zander aus dem Wasser heben, auf eine angewärmte Schüssel legen und mit der Soße übergießen. Zu dem auf diese Art zubereiteten Zander werden gebackene Hörnchen aus Kartoffelteig serviert.

Karpfen mit Sahne gebraten (Pečeni šuran preliven pavlakom)

1 Karpfen von 1 kg,
1/4 l Sahne oder Sauermilch,
2–3 Eier, 2 Eßlöffel Öl.
4 Personen

Den Karpfen reinigen, mit Zitronensaft beträufeln, salzen und mit dem Messer an einigen Stellen einschneiden. In ein feuerfestes Gefäß legen, mit Öl übergießen und in der Röhre braten. Wenn der Fisch fast gar ist, die Sahne oder die Sauermilch mit den Eiern verrühren, über den Fisch gießen und fertig braten.
Den Fisch mit Zitronenscheiben verziert auftragen.

Zander mit Weinsoße (Smuđ u umaku od vina)

1 kg Zander, 1 Büschel Suppengrün,
1 Lorbeerblatt, Pfefferkörner,
1/4 l Weißwein, 3 Dotter,
6 Eßlöffel Sahne, Salz, Zitronensaft.
4 Personen

Den Zander putzen und waschen. Das geputzte Suppengrün, das Lorbeerblatt und Pfefferkörner so lange kochen, bis das Gemüse weich wird. Den zubereiteten Zander in das kochende Wasser geben und auf mäßigem Feuer kochen. Inzwischen die Soße zubereiten:
Die Dotter verrühren, den erwärmten Wein mit etwas Salz hineinmengen. Im Wasserbad mit dem Schneeschläger so lange schlagen, bis die Masse dick wird. Dann abkühlen lassen. Das gekochte Suppengrün in Scheiben schneiden, eine saure Gurke in Würfel schneiden, das Ganze mit der ausgekühlten Soße vermischen und die Sahne dazugeben.
Den gekochten Zander auf eine längliche Schüssel legen und mit der Soße übergießen.

Gebratener Fasan mit Fülle
(Pečen punjeni fazan)

Den Fasan rupfen, putzen, waschen und salzen. Die Fülle folgendermaßen zubereiten:
Die Brötchen mit Milch übergießen, stehen lassen. Wenn sie weich sind, gut ausdrücken und mit den kleingehackten Pilzen, dem kleingehackten Speck, gehackter Petersilie, Salz, Pfeffer und dem Weißwein vermischen und alles zusammen dünsten. Wenn die Masse weich ist, abkühlen lassen, dann die ganzen Eier beifügen, gut verrühren und damit den Bauch des Fasans füllen. Den gefüllten Fasan mit warmem Öl übergießen und braten. Während des Bratens häufig begießen.

Den gebratenen Fasan in Stücke schneiden, mit der Soße übergießen und so auftragen.

1 Fasan, 2 Brötchen,
etwa 1/4 l Milch, 50 g frische Pilze,
50 g geräucherter Speck, 2 Eier,
etwa 3 Eßlöffel Wein,
Salz, Pfeffer, Petersilie.
4 Personen

Warmer Kartoffelsalat
(Topla salata od krompira)

Die Kartoffeln waschen und in der Schale kochen, schälen und in Scheiben schneiden. Den Speck in Würfel schneiden, rösten, dann die gehackte Zwiebel beigeben und dünsten, bis die Zwiebel bräunlich wird. Dann Essig, Öl, Salz, Senf und Pfeffer dazugeben, durchkochen und über die gekochten, geschnittenen Kartoffeln gießen und alles vermischen.

Den fertigen Salat mit gehackter Petersilie und mit etwas Pfeffer bestreuen und so auftragen.

1 kg Kartoffeln,
100 g geräucherter Speck,
1 Zwiebel, 3 Eßlöffel Öl,
Essig nach Geschmack,
Salz, Pfeffer, Senf,
2 kleine Zwiebeln,
400 g Schweinefleisch,
3 Eßlöffel Milch, 3 Eßlöffel Sahne,
50 g geriebener Käse.
4 Personen

Fleisch-pitta
(Pita sa mesom)

Die Dotter und die Sahne verrühren, vom Eiweiß festen Schnee schlagen. Den Dottern abwechselnd das Mehl und den Schnee beimengen. Das Blech mit Öl bestreichen und die Hälfte der Masse darin halbgar backen. Inzwischen die Fülle zubereiten:

5 Eier, 5 Eßlöffel Sahne,
3 Eßlöffel Mehl,
2 Eßlöffel Öl, 2 kleine Zwiebeln,
400 g Schweinefleisch,
3 Eßlöffel Milch,
3 Eßlöffel Sahne,
50 g geriebener Käse.
6 Personen

Öl erhitzen, die kleingehackten Zwiebeln dazugeben und rösten. Das Fleisch durch den Fleischwolf drehen, beigeben und mit Zugabe von Milch weich dünsten. Abkühlen lassen, dann pfeffern und salzen und diese Fülle auf dem halbgaren Teig verteilen und mit der anderen Teighälfte zudecken und fertigbacken.

Die Pitta in viereckige Stücke schneiden, mit einer Tasse voll gewärmter Sahne übergießen und mit geriebenem Käse bestreuen.

Mafisch mit saurer Sahne (Mafiši sa kiselom povlakom)

150 g Mehl,
50 g Butter oder feine Margarine,
2 Eßlöffel saure Sahne, 2 Eidotter,
1 Eßlöffel Zucker,
etwas Salz, 1–2 Eßlöffel Rum.
4 Personen

Das Mehl durchsieben, in der Mitte eine Höhlung machen, in diese Butter, Zucker, Salz, Eidotter, die saure Sahne und den Rum geben. Einen glatten Teig kneten, dann daraus eine Kugel formen, mit einer sauberen Serviette zudecken und 15 Minuten stehen lassen. Dann dünn (etwa 2–3 cm dick) auswalken. Mit einem Radler etwa 10 cm lange und 3 cm breite Streifen schneiden und jeden Streifen in der Mitte 2–3 mal durchschneiden, durch die Einschnitte flechten und im heißen Öl backen, bis der Teig bräunlich wird.

Gut abtropfen lassen, auf die Schüssel legen und mit Puderzucker (mit Vanille oder Zimt vermischt) bestreuen.

Gezogener Quarkstrudel (Topfenstrudel) mit Überguß (Prelivena savijača sa sirom)

500 g Mehl, etwas Salz,
laues Wasser,
1–2 Eßlöffel Öl oder 500 g fertige Teigblätter für den gezogenen Strudel.
Fülle:
100 g Butter, 80 g Zucker und
4 Dotter schaumig rühren.
300 g Quark (Topfen)
und etwa 1/8 l Sahne dazugeben.

Aus dem Mehl, dem Öl, etwas Salz und soviel lauwarmem Wasser, daß ein halbweicher Teig entsteht, einen glatten Teig kneten. Diesen mit Öl bestreichen und eine halbe Stunde ruhen lassen. Während der Teig ruht, bereitet man die Fülle zu: Butter, Zucker, und vier Eidotter schaumig rühren, den Quark und die Sahne dazugeben und die geriebene Zitronenschale. Vom Eiweiß Schnee schlagen und mit den Rosinen zusammen langsam unterrühren. Nun wird der Teig mit dem Rollholz auf einem be-

mehlten Tuch ausgerollt und dann mit bemehlten Händen dünn, nach allen Seiten hin, ausgezogen. Den Strudelteig mit Öl bestreichen und die Fülle darauf geben, aufrollen, auf das gefettete Blech legen und bei stärkerer Hitze backen.
Zu diesem Strudel reicht man folgende Soße: Die Eidotter mit dem Zucker schaumig rühren, die heiße Milch, etwas Vanillezucker und Zitronenschale dazugeben und die Masse im Wasserbad rühren, bis sie dick wird. Dann vom Feuer nehmen und abkühlen lassen.

Dann geriebene Zitronenschale,
40 g Rosinen und den Schnee vom Eiweiß langsam beimengen.
Soße (Überguß):
3 Eidotter, 3 Eßlöffel Zucker,
1/8 l Milch, Vanillezucker,
Zitronenschale.
6 Personen

Gezogener Kürbisstrudel (Savijača sa bundevom)

Die fertigen Teigblätter mit ein wenig warmer Butter bestreichen. Den Kürbis schälen, reiben, mit Zucker vermischen, Zimt und ein wenig Rum beigeben. Die Fülle in dünner Schicht auf die Teigblätter streichen, mit einigen Bröseln bestreuen und einrollen. In ein mit zerlassener Butter ausgeschmiertes Blech legen und bei mäßigem Feuer etwa 30 Minuten backen. Wenn der Teig schön bräunlich wird, bei geringer Hitze noch eine kurze Zeit weiter backen.

In Stücke schneiden, mit Puderzucker bestreuen und warm auftragen.

250–300 g fertige Teigblätter für gezogenen Strudel, 120 g Zucker,
Zitronenschale, Zimt,
etwa 300–400 g geputzten und geriebenen Kürbis, Pulverzucker,
50 g Butter
4 Personen

Mohnstrudel aus Hefeteig (Kisela štrudla sa makom)

Das durchgesiebte Mehl in eine Schüssel geben und warmstellen. Die Hefe zubereiten: In einer Tasse die Hefe zerbröckeln, Zucker, ein wenig Milch und Mehl beigeben und verrühren. Während die Hefe geht, Butter, Dotter und Zucker gut verrühren. Die Milch ein wenig anwärmen, die geriebene Apfelsinenschale und Salz beifügen. Die fertige Hefe den verrührten Dottern beimengen, Mehl und Milch dazugeben. Einen glatten Teig kneten und aufgehen lassen. Den aufgegangenen Teig fingerdick auswalken. Auf den Teig folgende Fülle verteilen:

600 g Mehl, 40 g Hefe,
3 Eidotter, 100 g Butter,
100 g Zucker, 3 Eßlöffel Rum,
1/4 l Milch,
Saft und Schale einer Apfelsine,
Salz.
500 g Mohn,
1/4 l Milch (anstatt Milch kann auch Sahne verwendet werden),
3 Eidotter, 150 g Zucker,

1 Päckchen Vanillezucker,
2 Eßlöffel Honig.
6 Personen

Den gemahlenen Mohn in Milch oder Sahne kochen. Wenn der Mohn abgekühlt ist, die Dotter, Vanillezucker, Zucker und Honig beigeben, alles gut verrühren und zuletzt den festen Eischnee leicht darunter heben.

Die Fülle gleichmäßig auf dem Teig verteilen, dann den Teig einrollen und auf das eingefettete, mit Bröseln bestreute Blech legen. Den Teig rasten lassen, damit er weiter aufgeht. In der auf 175–200°C erwärmten Röhre backen.

Diese Art Strudel (Putica genannt) wird in Slowenien am häufigsten zubereitet. Der Teig wird immer mit Hefe gemacht. Die Fülle der Putica kann verschieden sein: Nuß-, Mohn-, Mandel-, Haselnuß-, Käse- oder Rosinenfülle. Man verwendet auch gesalzene Füllen wie aus Grieben, geräuchertem Speck und ähnlichem zubereitet.

Die süße Putica wird kalt aufgetragen, am besten einen Tag vorher zubereitet, die gesalzenen werden dagegen warm serviert.

Fette Pitta mit Quark (Masna pita sa sirom)

200 g Butter, 200 g Grießmehl,
120 g Pulverzucker, 2 Eidotter.
Fülle:
4 Eidotter, 80 g Zucker,
Vanille, 500 g Quark,
etwa 1/4 l Sahne, Zitronenschale.
6 Personen

In das durchgesiebte Mehl die Butter und den Zucker geben, mit der Hand so lange reiben, bis sich kleine Klümpchen bilden. Dann in der Mitte eine Höhlung machen, die Eidotter dazugeben, schnell einen Teig kneten und an einem kalten Ort rasten lassen. Dann in der Größe des Bleches auswalken. Das Blech mit Öl bestreichen, den Teig hineingeben und die Fülle darauf streichen. Die Fülle wird auf folgende Weise zubereitet: Die Dotter mit Zucker gut verrühren, Vanille und die geriebene Zitronenschale dazugeben, dann den durchpassierten Quark und die Sahne beimengen, zum Schluß den Schnee vom Eiweiß langsam darunter rühren. Die Pitta bei guter Mittelhitze etwa 45–60 Minuten backen.

Die warme Pitta mit Zucker bestreuen und so auftragen.

Serbien, Mazedonien, Montenegro, Bosnien und Herzegowina

Serbien

Frühmorgens in der typisch serbischen Landschaft steigen kleine Rauchsäulen aus jedem Bauernhof auf. Das bedeutet, daß in der kleinen vom Hause getrennten und in einem besonderen Gebäude untergebrachten Küche Hausbrot gebacken wird. Der Herr des Hauses und die erwachsenen männlichen Familienmitglieder haben schon vor Sonnenaufgang jeder ein Gläschen Sliwowitz getrunken. Der Tag beginnt also in diesem Lande mit Schnaps. Oder begann so bis vor kurzem.

Übrigens ist die Meinung, daß diese Sitte gesund und bekömmlich sei, nicht mehr ganz so weit verbreitet, doch ist der Schnaps ein treuer Begleiter aller Festlichkeiten in Serbien geblieben. Wenn Sie als Gast ein serbisches Haus besuchen, so wird Ihnen die Hausfrau, bescheiden und ehrerbietig, zuerst ein Glas kaltes Wasser und einen Löffel voll (mit reichlich Zucker) eingemachtes Obst – *slatko* anbieten und unmittelbar darauf ein Gläschen Schnaps. Zu diesem duftenden und starken Getränk werden Sie dann weichen frischen Käse bekommen und zum Maisbrot noch eine rein serbische Spezialität kosten – *Kajmak!* Und vielleicht sogar geräuchertes *Rindfleisch aus Uzice!*

Und sollten Sie vom Mars gefallen sein, dies würde Ihnen genügen, um zu wissen, daß Sie in Serbien sind. Nach dieser Einführung wird man Ihnen sehr einfache Gerichte vorsetzen: gekochtes Geflügel, ein auf dem Spieß gebratenes junges Lamm oder Spanferkel oder gar ein Zicklein. Im Grunde wartet das Dorf mit einfachen Dingen auf. Natürlich gibt es hier auch andere gekochte Speisen, wie *Serbisches Dschuwetsch,* gefüllte Paprikaschoten, Sarma (gefüllte Kohlblätter), *Serbische Bohnen* und eine besondere Art Bohnensuppe. Wenn ein Gast im Haus ist, spart man nicht mit Fleisch. Der Gastgeber schlachtet das Vieh selbst und bereitet es vor Ihren Augen zu.

Genau wie sein unruhiges, gebirgiges Relief, so ist auch Serbien ein unruhiges und ungewöhnliches Land. Fremde Eindringlinge herrschten lange in diesem Lande, doch findet man heute kaum noch Spuren dieser Herrschaft. Es gibt wenig Minarette und wenige türkische Sitten. Im Laufe von fünf Jahrhunderten trennte der Islam das Land weder vom Schnaps noch vom Wein, und auch dem in Wäldern zusammengepferchten Volke nahm er weder seinen Glauben noch seine Sprache. Im Gegenteil, diese Sprache war die Waffe seines Widerstandes, die Schatzkammer, in der es seine Vergangenheit aufbewahrte.

Doch den lewantinischen Rost haben die Serben übernommen. Man wird ihn zwar in keinem Bauernhaus finden, doch neben jedem Gasthaus und jeder Schenke. Auch heute, wo in den Großstädten Wolkenkratzer und neue Wohnblocks entstanden, Supermärkte und Motels, duftet Serbien nach *Tschewap!*

Es werden Riesenmengen von *Raschnjitschi, Tschewaptschitschi* und andere Arten Bratfleisch vertilgt. Vom frühen Morgen bis zum späten Abend!

Auf Jahrmärkten, Hochzeiten, Versammlungen, Feierlichkeiten und Festen, ja sogar in politischen Zusammenkünften frönt dieses Serbien noch einer großen Leidenschaft: dem Tanz Kolo (Reigen). Man tanzt zahllose, gleiche und gleichzeitig verschiedene, nie langsame, immer schnelle, temperamentvolle Kolos, begleitet von Geigen- und Trompetenmusik, von Trommeln und Harmonika, als wäre in jenen fünfhundert Jahren nichts geschehen; Serbien singt und tanzt als freies Volk auf eigenem Boden.

Mazedonien

Was von Bosnien und Herzegowina gesagt wurde, das gilt zum größten Teil auch für das Kosowo-Gebiet und Mazedonien. Mazedonien hat erst vor 25 Jahren begonnen, als Staat zu leben, und zu gleicher Zeit begann auch seine nationale Wiedergeburt. Sein Schicksal glich dem von Bosnien. Auch hier haben Jahrhunderte fremder Herrschaft, der Islam und der Orient ihre Spuren hinterlassen.

Auch auf dieses Land der Viehzüchter und einst bekannter Opium-Erzeuger (aus Mohn) haben die Jahrhunderte ihren Stempel, den Stempel des Orients und der Süßigkeit aufgedrückt.

Montenegro und Boka Kotorska

Die Musikwissenschaftler behaupten, daß das montenegrinische Volksmelos innerhalb des gesamten jugoslawischen Gebietes am ursprünglichsten und am authentischsten sei. Es scheint dies auch mit der Ernährungsweise der Bevölkerung dieser Karst- und Gebirgsgegend der Fall zu sein. Nachdem sie sich erfolgreich gegen den Ansturm der Ottomanen verteidigt hatten, lebten diese Söhne der montenegrinischen Berge frei und unabhängig, so wie sie es jeher gewohnt waren, umgeben von wohlhabenderen und mächtigeren Reichen. Nicht einmal den Soldaten von Napoleons General Mormont gelang es, als sie bis Dubrovnik vorgedrungen waren, den Lovcen zu erklimmen. Daher erklärt sich, daß die montenegrinische Lebensweise am wenigsten fremden Einflüssen ausgesetzt war. So geschah es, daß die Leute von Montenegro, als Pistolen und Handschare schon längst aufgehört hatten, Bestandteile ihrer Garderobe zu sein, auch weiterhin wie Asketen lebten und sich genau wie ihre Vorfahren ernährten.

Das Fleisch, daß von Tieren stammt, die auf duftenden Gebirgsweiden grasten, Milch, Käse (z. B. Käse aus dem Dorf Njegusi), Polenta und das geräucherte Schaffleisch,

das man „Kastradina“ nennt, sind auch heutzutage bekannte montenegrinische Spezialitäten.
Eine Ausnahme bildet Cetinje, die alte ehemalige Hauptstadt von Montenegro, in die die diplomatischen und konsularischen Emissäre großer Staaten nicht nur Elemente der europäischen Kochkunst, sondern auch sonstiges Raffinement eingeführt haben.
In den Provinzstädten und Marktflecken ist noch der Einfluß der Latiner spürbar, die vor nicht gar so langer Zeit Anspruch auf Montenegro erhoben.
Im Küstenland und in der Boka Kotorska, die auf ihre ruhmreiche Flotte und ihre weithin bekannten Schiffskapitäne stolz ist, ist das anders. Die Bewohner dieses Gebietes – „Bokelji“ genannt – befuhren das Mittelmeer und die ganze Welt und unterhielten günstige Handelsbeziehungen mit zahlreichen Ländern. Darum kann man sagen, daß die in einem Golf von phantastischer Schönheit gelegene Boka Kotorska das Tor war, durch welches die Einflüsse nach Montenegro eindrangen, die die Lebensweise und die Tafel der Montenegriner bereichert haben.

Bosnien und Herzegowina

Ein Mann ist aus seiner Stube auf die kleine Terrasse vor dem Haus getreten. Er hat eine vom Tau feuchte Rose gepflückt und blickt in die Ferne. Vor seinen Augen öffnet sich die ganze Welt in ihrer Pracht. Nachdem er sich daran sattgesehen hat, geht er wieder in seine Stube, macht es sich auf dem Sofa bequem und beginnt langsam seinen Schnaps zu trinken, wobei er die Rose fortwährend an seine Nase hält. Er genießt das Getränk und den Duft zugleich.
Dies ist das Bild von Bosnien und von der Verfeinerung, die seinen Leuten eigen ist, wenn sie sich den Genüssen des Essens, des Trinkens und der Liebe überlassen. Niemand ruht sich so weise und geschickt aus wie der Bosnier, niemand versteht es wie er, mit soviel Einbildungskraft zu schwelgen.

In Bosnien wurde von den Rechtgläubigen und auch von den Ungläubigen das Gesetz des Propheten befolgt, welches verbietet, daß ein Hausbesitzer dem anderen die Aussicht verstellt. Darum bauten Generationen ihre Häuser übereinander. Städte und Marktflecken schossen auf mit Gebäuden, deren Fassaden immer zur Sonne gekehrt waren. Alle diese Häuser sind von weitem sichtbar, da sie an steilen Abhängen über Tälern, Feldern, Flüssen und Seen errichtet worden waren.

Aber weder Serbien noch Bosnien hielten sich an das religiöse Verbot, das den Genuß von Alkohol untersagte. Seine Wirkung war hier auch nicht so gefährlich wie im heißen Arabien. In Bosnien sind die Winter streng mit viel Schnee. Das Land ist grün, voll Urwälder und Schluchten. Aus diesem Grunde fügten sich seine Einwohner auch nicht dem Gesetz, das nicht in seinem Klima entstanden ist, ohne Rücksicht darauf, ob sie dabei sündigen oder nicht.

Die Bosnier und mit ihnen die Mazedonier und die Leute aus Sandzak nahmen auf, was ihnen gefiel. Ein Beispiel dafür ist der Tefertisch – ein Ausflug in die Natur, eine Art bosnischen Picknick, wobei man im Grase liegt oder in Hängematten, die zwischen Bäumen angebracht sind, einen guten Bissen und einen Schluck Schnaps genießt und dazu leise vor sich hin singt. Sie haben auch den Kaffee übernommen, ohne den es in Bosnien kein Leben gibt. Der Kaffee wird dort so rituell zubereitet wie in England und China der Tee.

Aber der stärkste Einfluß des Orients auf die Bosnier – wenn vom Essen und den Freuden dieses Lebens die Rede ist – ist in der Liebe der Bosnier zu orientalischen Süßigkeiten, zu *Halva* und *kandiertem Obst* spürbar. Von Mazedonien bis nach Westbosnien werden in jedem Haus die *Baklava* und die *Tulumben* (das sind Süßgkeiten mit Nüssen und Mandeln) als etwas Köstliches verehrt. Und so haben die Türken, die Unbeugsame und Aufständische in diesem Land auf den Pfahl schlugen, außer Bitternis, dem Bosnier den Sinn für das Süße und Gezuckerte hinterlassen.

Der Wanderer stößt in Bosnien mit jedem Schritt auf Spuren der Türkischen Herrschaft, auf die Minarette der Moscheen, türkische Bäder, auf Türme, Stadtmauern und Brücken. Es gibt keine Stadt ohne einen türkischen Bazar, keinen Teppich ohne orientalische Muster, kein Heim ohne Kupfer – und Messinggeschirr, wie es in Konstantinopel und Bagdad geschmiedet wird.

Wie es Ivo Andric in einer seiner Erzählungen beschreibt, gibt es in Bosnien drei Zeiteinteilungen: die erste wird durch die Stimme des Meuzzin vom Minarett ausgerufen; die zweite wird durch die Glocken der orthodoxen (rechtgläubigen) Kirchen eingeläutet; und die dritte vom Kirchturm der Katholischen Kirche. Keine davon stimmt mit der anderen überein.

Nach der türkischen Herrschaft kam Bosnien unter die österreich-ungarische Monarchie. Darum ist im heutigen Bosnien neben dem Einfluß des Orients auch der des Westens spürbar. Da befinden sich moderne Industriebetriebe neben weit zurückgebliebenen Gebieten. Es ist eine Welt für sich und doch mit ihrer Umgebung fest verbunden.

In Bosnien wünschen die Menschen mit wenigen Worten immer mehr zu sagen, als die Worte selbst besagen. Wahrscheinlich sind sie bestrebt, auf Worte nicht zu viel Mühe zu verwenden, aber vielleicht ist das auch ein Ausdruck des typisch bosnischen Raffinements – die Weisheit des Mannes, der beim Rosenduft sein Gläschen trinkt.

Zwischen Rost und Spieß

Einführung in die Serbische Küche

Die östlichen Gebiete unseres Landes (Serbien, Bosnien, Herzegowina und Mazedonien) lebten jahrhundertelang unter dem Einfluß des Orients. So haben sie auch in der Kochkunst viele orientalische Eigenarten angenommen, sowohl in der Auswahl von Nahrungsmitteln als auch in der Zubereitungsweise und in der Zusammenstellung. Alles wird hier bedächtig und ohne Eile zubereitet. Um dem Essen einen besseren Geschmack zu verleihen, ließ man es ursprünglich stundenlang „brodeln". Die moderne Technik der Nahrungszubereitung verkürzt die Arbeitszeit und hilft die Nährwerte dieser vorzüglichen Speisen zu bewahren.

Was für Slawonien, Wojwodina und für manche Gegenden von Kroatien die Sahne ist, das ist in Serbien *Kajmak.* Kajmak ist das Milchfett, das man von der gekochten Milch abzieht und in besondere Holzgefäße (Katschitze) sammelt, salzt und der Fermentation überläßt. Nach dem beendeten Gärprozeß bekommt man den „alten" Kajmak, der ziemlich salzig ist und einen besonderen, etwas schärferen Geschmack hat, während der „junge" Kajmak mild ist. Auch Käse wird oft bei der Zubereitung der Speisen gebraucht. Bekannt sind die Käsesorten: *Sarplaninski sir, Pirotski sir.* Käse und Milch nimmt man oft zur Herstellung von Gerichten mit Maismehl (Maisbrot mit Käse) und Polenta.

Von den Fleischspeisen sollen besonders die auf dem Spieß und dem Rost zubereiteten Spezialitäten hervorgehoben werden. Auf dem Spieß werden *Spanferkel, Lämmer und gut gemästete* Truthähne *gebraten.* Svetozarevo und seine Umgebung sind dafür bekannt, daß hier die besten Truthähne gezüchtet werden. Ohne Spanferkel auf dem Spieß gebraten kann man sich den Empfang eines Gastes gar nicht vorstellen und einen Feiertag erst recht nicht.

Pljeskawitze (flache Schnitzel aus Hackfleisch) im Kajmak gebacken, *Tschewaptschitschi* und *Raschnjitschi* sind Spezialitäten, die gewöhnlich mit scharfem Paprika gewürzt sind. Unter den Rauchfleischprodukten nehmen *Uzicka prsuta* (Rauchfleisch aus Uzice), *Würste* aus Uzice und geräuchertes *Schweinskarre* wegen ihrer Qualität einen besonderen Platz ein. Sie dienen als Imbiß zu Kajmak, zu Käse mit einer Paprikaschote und einem Gläschen Sliwowitz, Klekovaca oder einer anderen Schnapsart. In der Paprika- und Tomatensaison wird aus diesen Gemüsen oft *Dschuwetsch* mit und ohne Fleisch zubereitet. Kohl wird in diesen Gebieten viel gezüchtet und zur Zubereitung von Mussaka und von Salat genommen oder mit Hammel- oder Schweinefleisch zusammen gekocht.

Musaka ist eine sehr beliebte Speise, die man fast von allen Gemüsearten herstellt. Große Mengen Tomaten und Paprika werden in diesen Gegenden unseres Landes konserviert, und zwar auf verschiedene Weisen. Besonders Paprika, der durch Säuern konserviert wird, ist in den Wintermonaten eine wichtige Quelle von C-Vitamin.

Von Sauerkohl hergestellte *Sarma* oder *Podvarak* sind Winterspeisen, die man in größeren Mengen zubereitet und einige Male aufwärmt. Je öfter man sie aufwärmt, um so besser schmecken sie. Sauerkohl wird oft als Salat zubereitet mit Öl und rotem Paprika. Man bietet ihn auch als „Aperitif“ zu einem Gläschen Sliwowitz an. Die Sauerkohllake *(Rasol)* ist die beste Arznei gegen Katzenjammer nach einer Zecherei.

Von verschiedenen wildwachsenden Wiesenkräutern werden auch ausgezeichnete Speisen zubereitet, z. B. von Sauerampfer und jungen Nesseln. Auch Bohnen werden viel und oft gegessen, besonders als *Prebrannac* mit viel Zwiebeln.

Obst wird besonders als *Slatko* konserviert, d. h. mit einem hohen Zuckerkonzentrat. Es wird nur in kleinen Mengen genossen. Man bietet es einem Gast zum Willkommen mit einem Glas Wasser an. Diese Spezialität wird auch von einigen Gemüsesorten zubereitet: von Tomaten, Wassermelonen sowie von den Blütenblättern einer bestimmten Rosenart. Die besten Slatko werden in Mazedonien und Serbien hergestellt.

Zuckermelonen aus der Umgebung von Aleksinac, Vranje und Leskovac sind weltbekannt.

In Serbien gedeihen riesige Mengen ausgezeichneter Pflaumen – *Pozegaca* genannt. Man produziert daraus Pflaumenschnaps, aber auch Dörrpflaumen und nimmt sie häufig zur Zubereitung von Süßspeisen.

Serbischer schwarzer Kaffee unterscheidet sich vom Türkischen dadurch, daß man das Wasser süßt, bevor man den Kaffee einkocht. Der Türkische wird dagegen bitter serviert und die Zuckerwürfel werden extra angeboten.

Als Mehlspeisen werden oft verschiedene Arten *Fauler Pitte* zubereitet. Das sind Kuchen aus feinem mürben Teig mit Obst-, Quark- und Marmeladenfülle. *Zito* ist eine Süßspeise aus gekochtem Weizen, Nüssen und Zucker mit Vanille und Muskatnuß. Sie wird mit Rum bespritzt. Auch Kleingebäck mit Obst, Rosinen, Nüssen u a. sowie üppige Torten sind beliebt.

In den Wintermonaten wird gern der *Schumadijatee* getrunken. Das ist mit Wasser verdünnter und mit Karamelzucker gekochter Schnaps. Neben Schnaps bringt Serbien auch vorzügliche Weine hervor, besonders in den Gebieten von Prokuplje *(Prokupac)*, Smederevo *(Smederevsko vino)* und Negotin *(Negotisnko vino)* u. a.

Spezialitäten aus Serbien

Lammlungen- und Lammlebersuppe (Čorba od bele i crne jagnjeće džigerice)

250 g Lammleber, 200 g Lammlunge, 1 Zwiebel, 2 hartgekochte Eier, 2 Eßlöffel Öl oder Fett, 40 g Mehl, 6 Eßlöffel Sahne, 1 Eidotter, Zitronensaft, Petersilie, Suppengrün.
4 Personen

Leber und Lunge gut waschen. In den Topf legen, kaltes Wasser darauf gießen, kochen. Wenn es aufkocht, das geputzte Suppengrün und eine Zwiebel dazugeben, bei mäßiger Hitze gar kochen. Die gargekochte Leber und Lunge abtropfen und etwas abkühlen lassen, dann zusammen mit den hartgekochten Eiern und gekochtem Grünzeug durch den Fleischwolf drehen. Fett oder Öl erwärmen, Mehl dazugeben, etwas dünsten, dann die durchgedrehte Leber und Lunge dazugeben, mit dem Wasser, in dem die Innerei gekocht wurde, aufgießen. Noch 10–15 Minuten kochen lassen. In die Suppenschüssel Eidotter geben, verrühren, Sahne und Zitronensaft beifügen, dann die fertige Suppe hineingießen, wenn nötig noch Salz, Pfeffer und am Ende feingehackte Petersilie dazugeben.

Zur Suppe serviert man in Würfelchen geschnittenes, in ein wenig Butter geröstetes Weißbrot oder Semmeln (Brötchen).

Saure Schweinefleischsuppe (Kisela čorba od svinjskog mesa)

Fleisch und Leber waschen und in etwas größere Würfel schneiden. In kaltem Wasser aufsetzen. Wenn es aufkocht, das geputzte Suppengrün, das Lorbeerblatt, den Knoblauch, eine ganze Zwiebel, Pfefferkörner und Salz dazugeben. Weiter zugedeckt bei schwacher Hitze kochen. Das weichgekochte Fleisch und die weichgekochte Leber herausnehmen. Dann eine Mehlschwitze bereiten, den gemahlenen roten Paprika dazugeben, mit dem Wasser vom gekochten Fleisch aufgießen und noch 15–20 Minuten kochen. Aus der Suppe Lorbeerblatt, Zwiebel und Knoblauch herausnehmen. Das übrige Suppengrün kann in Würfel geschnitten und der Suppe hinzugefügt werden. Das Fleisch in die fertige Suppe geben. In der Suppenschüssel die Sahne verrühren, etwas Essig dazugeben, die fertige Suppe darauf gießen.

250 g frisches Schweinefleisch,
100 g Schweineleber, 1 Lorbeerblatt,
2 Knoblauchzehen, 1 Zwiebel,
1 Büschel Suppengrün,
einige Pfefferkörner, Salz, 40 g Fett,
40 g Mehl, roter gemahlener Paprika,
Essig, saure Sahne.
4 Personen

Diese Suppe wird besonders in den Wintermonaten, zur Zeit des Schweineschlachtens zubereitet, dann werden gewöhnlich außer denen, die bei der Verarbeitung des geschlachteten Schweines tätig waren, auch die näheren Nachbarn zum Mittag- oder Abendessen eingeladen.

Saure Lamm- oder Hühnersuppe (Kisela čorba – jagnjeća ili pileća)

Das Fleisch waschen, in größere Würfel schneiden. In kaltem Wasser zustellen und kochen. Wenn es aufkocht, Suppengrün, eine ganze Zwiebel und Pfefferkörner dazugeben. Zugedeckt bei etwas schwächerer Hitze kochen lassen. Das gargekochte Fleisch herausnehmen und auf einen Teller legen. Die Suppe durchseihen, in einen Teil der Suppe ungefähr 40–50 g Reis einkochen. Das gekochte Suppengrün in schöne Würfel schneiden und der fertigen Suppe beifügen. In die Suppenschüssel ein Eidotter und die Sahne geben, gut verrühren, den Rest der Suppe durchseihen und langsam hineinrühren. Die Suppe mit dem gekochten Reis dazugeben, dann auch das geschnittene Grünzeug und die gehackte Petersilie.

300–400 g Lamm- oder Hühnerfleisch,
1 kleinere Zwiebel, 1 Suppengrün,
40–50 g Reis, einige Pfefferkörner,
1 Ei, 6 Eßlöffel Sahne,
Zitronensaft oder Weinessig, Petersilie.
4 Personen

Das Fleisch kann getrennt auf einem Teller aufgetragen werden, und jeder kann sich selbst bedienen. Zitronensaft und Weinessig wird gesondert serviert. So wird die Suppe bei festlichen Anlässen zubereitet, besonders im Frühling, wenn es genug Lammfleisch gibt. Auch die Hühnersuppe wird auf dieselbe Weise zubereitet.

Spinatsuppe
(Čorba od spanača)

500 g Kalbs- oder Rindsknochen (oder Suppenkonzentrat), 500 g Spinat, 2 Eßlöffel Fett oder Öl, 40 g Mehl, Salz, Pfeffer, 50 g geräucherter Speck, 1 Knoblauchzehe, 1 Ei, 6 Eßlöffel Sahne oder saure Milch.
4 Personen

Die Knochen waschen, in kaltem Wasser aufstellen, bei mäßiger Hitze kochen. Den Spinat putzen, waschen, in siedendem Salzwasser kochen. Wenn er gar ist, durch ein Sieb passieren. Öl oder Fett erhitzen, in Würfelchen geschnittenen Speck dazugeben, dann die kleingehackte Knoblauchzehe und die gehackte Zwiebel hinzufügen und ein wenig rösten. Das Mehl hinzufügen und den Spinat mit der Brühe übergießen, pfeffern, nach Bedarf Salz beifügen und noch 10–15 Minuten kochen lassen.
In der Suppenschüssel ein Eidotter verrühren, die Sahne dazugeben, langsam die Suppe daraufgießen, servieren.

Zu Beginn des Frühlings, wenn es junge Nesseln gibt, kann man diese anstatt Spinat verwenden. Spinat kann durch Mangoldblätter ersetzt werden.

Rasolsuppe
(Čorba od rasola)

1 Suppengrün, 40 g Mehl, 1 Eßlöffel Öl oder Fett, 1 größere Zwiebel, Salz, Pfeffer, 1 Lorbeerblatt, eine kleine trockene Paprikaschote, ungefähr 1 l Sauerkrautlake.
4 Personen

Das Suppengrün putzen, waschen, in Scheiben schneiden, in kaltem Wasser aufsetzen, das Lorbeerblatt und die Paprikaschote hinzufügen und auf schwachem Feuer kochen. Wenn das Suppengrün weich ist, Fett oder Öl erhitzen, die geschnittene Zwiebel dazugeben, rösten, bis sie weich und etwas gelb wird. Mehl hinzufügen, ein wenig anrösten, mit dem Wasser, in dem das Suppengrün gekocht wurde, löschen und die Sauerkrautlake dazugießen. Man kann auch ein wenig Sauerkraut in die Suppe geben und nach Geschmack Reis einkochen. Insofern es eine „magere" Suppe ist, kann in ihr auch eine kleinere

Wurst gekocht werden, die vor dem Auftragen in Scheiben geschnitten wird.
Rasol ist eine Flüssigkeit, die entsteht, wenn man Kohl einsäuert und dabei die biologische Methode anwendet. Bei uns wird Kohl häufig eingesäuert. In den Wintermonaten ist insbesondere für die Landbevölkerung saures Weißkraut (wie auch unter Anwendung dieser Methode eingesäuerte Paprikaschoten) eine wichtige Quelle von C-Vitamin.

Diese Suppe wird scherzhaft auch oft „Keil"-Suppe genannt. Sie wird für gewöhnlich nach größeren Festlichkeiten, besonders in den Wintermonaten, zubereitet, als „Arznei" nach üppiger Nahrung.

Porreesuppe mit Hühnerklein (Čorba od praziluka i pileće sitneži)

Hühnerklein (Hals, Kopf, Magen, Leber), 4 Porreestangen, 4 Kartoffeln, 30 g Butter oder Margarine, 2 Eidotter, etwas junger Kajmak (oder Sahne), Salz, Pfeffer.
4 Personen

Das Hühnerklein waschen, kochen. Den Porree waschen, in kleinere Stücke schneiden und mit den kleingeschnittenen Kartoffeln in wenig Salzwasser kochen. Die weich gewordenen Kartoffeln und den Lauch durch ein Sieb passieren. Den Gemüsebrei mit abgeseihter Hühnerklein-Suppe aufgießen, das Gemüsewasser dazuschütten, kochen lassen, pfeffern. Leber und Magen in dünne Streifen schneiden, in die Suppe geben. Eidotter mit Sahne verrühren und die heiße Suppe langsam daraufgießen. Ein Stückchen Butter in die Suppe geben.

Bohnensuppe für Feinschmecker (Gurmanska čorba od pasulja)

250 g Bohnen aus Tetovo, 2 Zwiebeln, 2–3 Knoblauchzehen, 300 g geräuchertes Fleisch (Rippen oder 2 Eßlöffel Öl, 3 Möhrenwurzeln, 1 Petersilienwurzel, 1 Pastinakwurzel, 2 Kartoffeln, 1 trockener scharfer kleiner Paprika, Paprikapulver, 1 kleine Wurst (serbische). 4 Personen

Die Bohnen waschen, eine Zeitlang in kaltem Wasser stehen lassen, dann kochen. Mit den Bohnen eine ganze Zwiebel und den Knoblauch mitkochen. Das Rauchfleisch getrennt kochen. Das in Scheiben geschnittene Suppengrün in Fett anrösten und weich dünsten. Wenn es weich geworden ist, roten gemahlenen Paprika dazugeben, mit etwas Fleischbrühe aufgießen, die Bohnen hinzufügen und zusammen garkochen. Den weichge-

kochten Bohnen das gekochte Fleisch beifügen, die Fleischbrühe darauf gießen, die extra gekochten Kartoffeln dazugeben, aufkochen lassen. In die Suppe kann man auch in Scheiben geschnittene geräucherte Wurst geben und für jene, die einen besonders scharfen Geschmack gern haben, auch einen kleinen, trockenen, scharfen Paprika.

Rührei mit Käse und gebratenen Paprikaschoten (Kajgana sa sirom i pečenim paprikama)

4 Eier, 10–14 Paprikaschoten, 150 g Kajmak, 50 g Butter, etwas Milch, 250 g Schafkäse. 4 Personen

Die Paprikaschoten waschen, dann gut abtrocknen, auf der Herdplatte (oder auf einem Blech in der Röhre) backen. Wenn sie weich geworden sind, gibt man sie in eine tiefe Schüssel, bespritzt sie mit kaltem Wasser, bedeckt sie mit einem sauberen Tuch und läßt sie ein wenig stehen. Die ausgekühlten Paprikaschoten schälen und in Streifen schneiden.

In die Pfanne Butter geben und erhitzen, dann den Kajmak dazugeben und zergehen lassen, da hinein den geschnittenen Paprika geben und zusammen braten. Dann die verrührten Eier und den durch ein Sieb passierten Käse beifügen und alles zusammen rösten lassen, bis die Eier stocken.

Auf diese Weise zubereitete Rühreier kann man mit gebratenem oder frischem Paprika verzieren und als Vorspeise servieren. Mit einer Beilage aus frischem Gemüse (Tomaten, Paprikaschoten, Zwiebeln) kann dieses Gericht ein ausgezeichnetes Abendessen abgeben. Rührei wird oft auf diese Weise in den Gegenden Serbiens zubereitet, wo es genug Schafe und einen Kajmak bester Qualität gibt.

Maisgericht aus Užice mit Eiern (Užička proja sa jajima)

Den Kajmak in der Pfanne gut verrühren, gemahlene Grieben dazugeben, dann den zerquetschten Käse und die ganzen Eier. Alles gut vermengen, das durchgesiebte

Maismehl hinzufügen, heißes Wasser dazugießen, bis die Masse dünn wird, salzen. In die Bratpfanne oder das Backblech Fett geben, den Teig hineingeben, mit dem Messer glätten und gleich Würfel machen. Die Röhre vorher auf 180–200°C erwärmen. Das Maisgericht muß man, bevor man es in die Röhre gibt, mit zerlassenem Fett begießen. Goldgelb backen und warm als Vorspeise servieren.

700 g Maismehl, 4 Eier,
250 g serbischer Fettkäse,
150 g Grieben,
150 g Kajmak aus Užice,
ungefähr 3/4 l heisses Wasser, Backfett.
6 Personen

Man kann es auch als selbständiges Gericht zum Abendessen mit saurer Milch oder Joghurt servieren.

Maisgericht aus Pirot
(Pirotska proja)

Mehl durchsieben. Das Wasser in einen Topf gießen, Salz dazugeben, dann die Eier hineinschlagen und gut verrühren. Unter ständigem Rühren das durchgesiebte Mehl beimengen, bis es aufgebraucht ist. Die Masse muß glatt und ohne Klümpchen sein. Das Backblech gut einfetten, den zubereiteten Teig hineingleiten lassen, mit warmem Fett übergießen, in der vorher erwärmten Röhre backen (180–200°C). Der Teig im Blech soll nicht höher als fingerdick sein. Wenn er schon ein wenig gebacken ist, mit der Gabel an einigen Stellen hineinstechen. Goldgelb backen.

1/2 l kaltes Wasser, 2–3 Eier,
500 g Maismehl, Salz,
50–70 g Fett zum Übergießen.
4 Personen

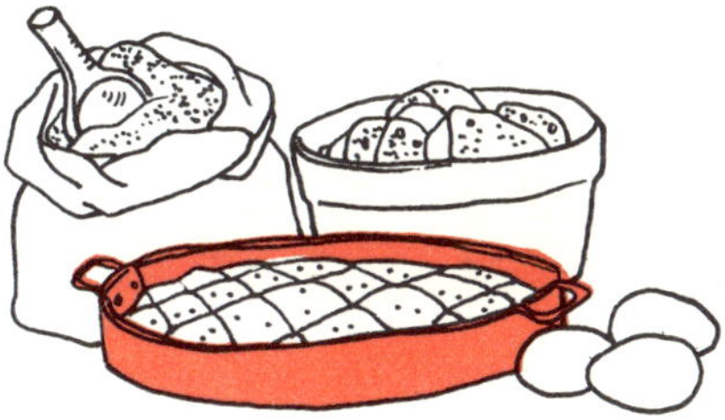

Das derart zubereitete Maisgericht serviert man zu Käse oder Sauerkrautgerichten (Sauerkrautsalat, gedünstetes Kraut mit gebratenem Fleisch u. a.). Es wird vornehmlich in der Umgebung von Pirot zubereitet, daher auch der Name: Maisgericht aus Pirot.

Gibanitza
(Gibanica – gužvara)

Wenn der Teig für die Blätter daheim zubereitet wird, dann das Mehl auf ein Brett sieben, in der Mitte aus-

500 g Mehl, etwas Salz, 1 Eßlöffel Öl, lauwarmes Wasser, oder 500 g fertige Teigblätter für die Gibanitza.
Fülle:
4 Eier, 300 g Käse, 150 g Kajmak, nach Bedarf Milch, Fett zum Übergießen.
4 Personen

höhlen, salzen, das Öl und dann lauwarmes Wasser beimengen. Einen glatten Teig kneten, daraus einige Klöße formen, zugedeckt (am besten mit einer angewärmten Pfanne) 15–20 Minuten ruhen lassen. Danach den Teig auswalken, dünn ausziehen. Der ausgezogene Teig wird in Stücke von der Größe des Backblechs geschnitten.

Die *Fülle* auf folgende Weise zubereiten:

Kajmak, Käse und Eier vermengen, nach Bedarf Milch dazugeben, um eine milchartige, nicht zu dicke Masse zu erhalten. In einem kleineren Gefäß Fett zerlassen, das Backblech, worin die Gibanitza gebacken wird, mit Fett oder Öl bestreichen. Ein Teigblatt nehmen, in die milchige Masse tauchen und auf den Boden des Backblechs legen. Die übrigen Blätter in die milchige Masse tunken, zerdrücken und aufeinander schichten. Zwischen die Schichten einige Löffel der milchigen Masse gießen und mit Fett besprengen. Obenauf 2–3 Blätter unzerdrückt übereinander legen, vorher aber auch durch die Milch ziehen. Die übriggebliebene cremige Masse darübergießen, mit heißem Fett besprengen und in mäßiger Hitze backen. Warm servieren.

Die Gibanitza wird als Vorspeise aufgetragen, meistens serviert man dazu Bier oder einen Aperitif. Wird sie als selbständiges Gericht, meistens zum Abendessen, serviert, dann bietet man dazu saure Milch oder Joghurt an.

Gibanitza ist eine Spezialität, die am häufigsten und auch am besten in Serbien zubereitet wird.

Gibanitza aus in Stücke gebrochenen Blättern (Gibanica od lomljenih kora)

Den Teig bereiten wie im Rezept vorher oder 500 g fertige Blätter für Gibanitza.
Zur Füllung:
300 g fetter Käse, 150 g Kajmak, 4 Eier, 1/2 l Milch. 4 Personen

Die zubereiteten oder fertig gekauften Teigblätter antrocknen lassen und in kleinere Stückchen brechen. Käse, Kajmak, Eidotter gut vermengen, dann die Milch hineinrühren. In diese milchige Masse die zerstückelten Teigblätter geben und gut miteinander vermengen. Das

Eiweiß zu festem Schnee schlagen, unter langsamem Rühren in die Masse geben. Das zum Backen der Gibanitza vorgesehene Gefäß fetten und mit Mehl bestreuen, die zubereitete Masse hineinschütten, mit etwas zergangenem Fett übergießen und backen. Die gebackene Gibanitza auf einen Teller stürzen, in schöne Stücke schneiden und servieren.

Lauch-Pitte
(Pita sa prazilukom)

500 g Mehl zur Anfertigung der Teigblätter oder 500 g fertige Blätter, etwas Salz, lauwarmes Wasser,
3–4 Lauchstengel,
2 Eßlöffel Fett oder Öl,
350–400 g Käse (fetter),
3–4 Eier, Salz.
4 Personen

Den Teig wie für Gibanitza zubereiten oder fertige Blätter nehmen. Das Backblech oder die Bratpfanne gut mit Öl bestreichen, auf den Boden zwei Blätter legen, ein jedes muß mit Fett bespritzt sein. Die Teigblätter belegt man mit folgender Fülle:

Den Lauch putzen, waschen, in Scheiben schneiden. Das Fett erhitzen, den Lauch dazugeben, weich dünsten, auskühlen lassen, den gut zerquetschten Käse dazugeben, salzen und mit den Eiern gut verrühren. Diese Füllung auf die Blätter streichen und jedes mit etwas Fett besprengen. Die oberste Schicht muß ein Teigblatt bilden. Die Pitte in der erhitzten Röhre ungefähr 40–50 Minuten backen. Als Vorspeise warm servieren.

Mussaka
(Musaka od mladog vinovog lišća)

Aus dem Ei, dem Mehl und der Milch und etwas Salz einen Palatschinkenteig, nur etwas dickflüssiger, zubereiten. Die Weinrebenblätter mit siedendem Wasser übergießen, ein bis zwei Minuten ruhen lassen, dann abseihen, mit kaltem Wasser übergießen, gut abseihen. Jedes Blatt einrollen, in den Teig tauchen und im erhitzten Öl backen.

Die *Mussakafülle* auf folgende Weise zubereiten:

40 g Fett erhitzen, die feingehackten Zwiebeln dazu-

Teig: 2 Eier, 200 g Mehl,
1/2 l Milch, Salz, Fett zum Rösten
Fülle:
400–500 g junge Weinrebenblätter,
350 g Lamm- oder junges Rindfleisch
(oder gekochtes Hühnerfleisch),
2 kleine Zwiebeln, 1 Ei,
gehackte Petersilie,
1–2 Eßlöffel Sahne, Salz, Pfeffer,
1–2 Eier, etwas Sahne
(zum Übergießen der Mussaka).
4 Personen

geben, dünsten, das durchgedrehte Fleisch hinzufügen, mit den Zwiebeln zusammen rösten. Wenn das Fleisch weich ist, Salz, Pfeffer, gehackte Petersilie, das ganze Ei und einige Löffel Sahne dazugeben. Am besten in ein feuerfestes Gefäß (oder Bratpfanne) 1–2 Eßlöffel Öl oder Fett geben, dann eine Schicht gebackener Weinrebenblätter und dann eine Schicht des zubereiteten Fleisches geben und auf das Fleisch noch 1–2 Löffel Sahne gießen. Die oberste Schicht muß aus Weinrebenblättern bestehen. Die ganzen Eier verrühren, etwas Sahne dazugeben, gut vermengen, die Mussaka damit übergießen und ungefähr 40 Minuten in der erhitzten Röhre backen.

Warm servieren. Mussaka-Gerichte sind in Serbien sehr beliebt. Man bereitet sie aus verschiedenem Gemüse zu. Sie werden als Vorspeise, als Hauptgericht mit irgendeinem Salat oder als Beilage serviert.

Mussaka aus Wirsing (Musaka od kelja)

2 Wirsing (mittlerer Größe),
1 Ei, 120 g Mehl, 1/8 l Milch, Salz,
Fett zum Rösten,
350 g gemischtes durch den Fleischwolf gedrehtes Schweine- und Rindfleisch,
1 kleine Zwiebel, 1 frische Paprikaschote,
1 Ei, Salz, Pfeffer,
saure Sahne oder saure Milch.
4 Personen

Die schadhaften Blätter vom Wirsing entfernen, den Kopf in 4 Stücke schneiden und in Salzwasser kochen. Sobald er weich ist, abseihen. Einen etwas dickeren Palatschinkenteig zubereiten. In der Bratpfanne Fett oder Öl erhitzen, den abgeseihten Wirsing in den Teig eintauchen und in erhitztem Fett goldgelb backen. In einem anderen Gefäß 2 Löffel Fett erhitzen, gehackte Zwiebeln und den geschnittenen Paprika darin dünsten, das durchgedrehte Fleisch dazugeben und so lange dünsten, bis das Fleisch gar wird, auskühlen lassen, das Ei dazugeben, Salz und Pfeffer und gut vermengen. In ein feuerfestes Gefäß oder in eine Bratpfanne Wirsing und Fleisch schichten. Die letzte Schicht muß aus Wirsing sein. Die geschichtete Mussaka mit verdünnter Sahne oder saurer Milch übergießen. In vorgewärmter Röhre backen.

Mussaka aus Kürbissen und Quark
(Musaka od tikvica sa sirom)

**1 kg junge Kürbisse, 1 Ei,
50–60 g Mehl, Öl zum Rösten,
4 Eier, Salz, Pfeffer, 500 g Quark,
150–200 g Schinken oder gekochtes
Rauchfleisch ungefähr 1/2 l Milch.
4 Personen**

Die jungen Kürbisse waschen, abschälen und der Länge nach in dünne Scheiben schneiden, salzen und ein wenig stehen lassen. Jedes Stück in Mehl und verrührtem Ei wenden und in erhitztem Öl oder Fett backen. Den Quark gut zerdrücken, gehackten Schinken oder gekochtes, gehacktes Rauchfleisch dazugeben, Milch und Eier verquirlen und soviel zu Quark und Schinken rühren, daß ein dicker Brei entsteht. Zum Übergießen der Mussaka muß etwa 1/4 l übrigbleiben.
In eine feuerfeste Schüssel oder in die Bratpfanne die Kürbisse und den Quark mit Schinken schichten. Die letzte Schicht müssen Kürbisse bilden. Mit den in Milch verrührten Eiern übergießen, 40 Minuten in der erhitzten Röhre backen. Warm auftragen.

Dschuwetsch
(Djuveč)

Dschuwetsch ist ein Gericht, das sehr oft zubereitet wird, insbesondere in den Sommermonaten, wenn es genug verschiedenartiges junges Gemüse gibt. Beim Zubereiten von Dschuwetsch kann man Schweine- oder Rindfleisch, Lamm-, Hammel- und auch Geflügelfleisch verwenden. Sehr oft wird für Dschuwetsch Hammelfleisch genommen, man schätzt besonders das Fleisch von Schafen aus den gebirgigen Gegenden (Schafe vom Berg, Sara, aus der Gegend von Pirot u. a.).

Für Dschuwetsch werden alle Gemüsesorten verwendet. Am meisten nimmt man eine Gemüsesorte, die häufig in Mazedonien und in Südserbien gezüchtet wird und *Bamja* heißt. Früher wurde Dschuwetsch in besonderen Gefäßen aus Tonerde zubereitet, die Zubereitung dauerte auch einige Stunden, gewöchnlich „brodelte“ es in den Backöfen der Bäcker.

Dschuwetsch mit Lammfleisch (Djuveč sa jagnjećim mesom)

500 g Lammfleisch, 250 g Zwiebeln,
1 kleiner junger Kürbis,
4 Paprikaschoten,
300–350 g Tomaten, 150 g Reis,
Salz, Pfeffer, roter gemahlener Paprika,
1 kleine Eierfrucht (Aubergine),
6 Eßlöffel Öl.
4 Personen

Die Zwiebeln reinigen, dann in dünne längliche Stückchen schneiden. Öl oder Fett erhitzen, die Zwiebeln darin anrösten. In Scheiben geschnittene Paprikaschoten, den in Würfel geschnittenen geschälten kleinen Kürbis und die in Würfel geschnittene Eierfrucht dazugeben. Zusammen dünsten, dann das gewaschene, in kleine Stücke geschnittene Fleisch und den Reis dazugeben. Alles gut vermengen, Salz, Pfeffer, roten gemahlenen Paprika dazugeben. Die Schüssel (am besten eine feuerfeste) mit Öl ausschmieren, auf den Boden in Scheiben geschnittene Tomaten legen, dann das vorbereitete Gemüse und Fleisch hineinlegen. Ganz oben Tomatenscheiben auflegen, mit Öl oder Fett übergießen und ungefähr 2 Stunden in der vorgeheizten Röhre backen. Ab und zu nach Bedarf etwas warmes Wasser daraufgießen.

Zum Dschuwetsch serviert man grünen Salat oder Salat von roten Rüben.

Fleischer-Dschuwetsch ohne Reis (Kasapski djuveč bez pirinča)

200 g Schweinefleisch,
200 g Rindfleisch,
150 g Hammelfleisch,
300–350 g Zwiebeln,
200 g grüne Bohnen,
100 g Bamjas, 5 Paprikaschoten,
1 Eierfrucht, 100 g grüne Erbsen,
600 g Tomaten, Salz, Pfeffer,
gemahlener Paprika,
6 Eßlöffel Öl, warmes Wasser.
6 Personen

Das Fleisch waschen, in Stücke schneiden, salzen, pfeffern. Die Zwiebeln putzen, schneiden, die grünen Bohnen waschen, die Enden entfernen, in kleine Stücke schneiden, die Bamjas putzen, waschen, die Paprika waschen, in Scheiben schneiden. Die Eierfrucht schälen, in Würfel schneiden. Die Tomaten in Scheiben schneiden. Das vorbereitete Gemüse und Fleisch salzen, Paprika und Pfeffer dazugeben, alles gut vermengen. Eine feuerfeste Schüssel mit Öl ausschmieren, das vorbereitete Fleisch und Gemüse hineinschichten, mit Öl übergießen, 1–2 Tassen warmes Wasser dazuschütten, in die vorgeheizte Röhre stellen und das Fleisch und Gemüse gar werden lassen. Dschuwetsch darf nicht trocken sein, sondern muß saftig, aber nicht wässerig sein.

Serbische Fleischklößchen mit Zwiebeln (Srpska ćufteta u luku)

Das Fleisch waschen, dann durch den Fleischwolf drehen. In eine Pfanne etwas Öl oder Fett geben, eine halbe feingehackte Zwiebel dazugeben und anrösten, dann das Fleisch dazugeben, zusammen ein wenig andünsten, Salz, Pfeffer hinzufügen, auskühlen lassen, das Ei hineinmengen sowie das vorher in etwas Wasser oder Milch eingeweichte und ausgedrückte Brötchen oder das Brot. Alles gut vermischen und ein wenig ruhen lassen. Dann kleinere Klößchen formen und in Semmelbrösel wälzen. In die Pfanne Öl gießen, die geschnittenen Zwiebeln dazugeben, dünsten. Wenn sie weich und hellgelb werden, gemahlenen Paprika und Salz dazugeben, verrühren. Auf die Zwiebeln die Klößchen legen und darauf Tomatenscheiben (oder einige Löffel Tomatenmark beifügen), warmes Wasser darüber gießen und in der vorgeheizten Röhre lassen, bis die Klößchen gebraten sind und der Saft dickflüssig wird.

Zu den Fleischklößchen Kartoffelpüree und Salat servieren.

200 g Rindfleisch,
200 g Schweinefleisch,
1 Ei, Salz, Pfeffer,
1 Brötchen oder 1 Stück Weißbrot,
Semmelbrösel, 300 g Zwiebeln,
250 g Tomaten,
gemahlener roter Paprika, Petersilie,
2–3 Eßlöffel Öl oder Fett.
4 Personen

Papazjanija (Papazjanija)

Das Fleisch waschen, in größere Stücke schneiden. Speck in Würfel schneiden und ausbraten, die Fleischstücke dazugeben, jäh braten, bis sie gebräunt sind. Das Suppengrün abschaben, in Scheiben schneiden. Die Kartoffeln in Scheiben schneiden (wenn sie klein sind, ganz lassen), vom Knoblauch nur die äußeren Blätter entfernen, sonst in einem lassen. Die Zwiebeln in Scheiben schneiden. In einen großen Topf (oder Expreß-Kochtopf) das vorbereitete Gemüse und Fleisch geben, salzen, pfeffern. Das Mehl mit dem Wein und Weinessig vermischen, dem vorbereiteten Gemüse und Fleisch beifügen. Petersilie und Sellerieblätter klein schneiden, dazugeben und ungefähr

500 g Rindfleisch (oder Rind- und Schweinefleisch gemischt),
1 Schweinsfuß (in Stücke geschnitten),
150 g Zwiebeln,
50 g geräucherter Speck,
1/2 Knoblauchzwiebel, 1 Suppengrün,
250–300 g Kartoffeln
(eine Sorte, die nicht zerfällt),
1/4 l Weißwein, einige Löffel Weinessig,
Petersilien- und Sellerieblätter,
1 kleinerer scharfer Paprika,
1 Teelöffel Mehl. 6 Personen

1/8 l Wasser dazugießen. Den Topf zudecken.
Im Expreßkochtopf dauert die Zubereitung 30 Minuten. In einem gewöhnlichen Topf dauert die Zubereitung viel länger, ungefähr anderthalb bis zwei Stunden.

Das Wort *papazjanija* stammt aus dem Griechischen *popova janija* und bedeutet: mit verschiedenem Gemüse gekochtes Fleisch. Früher dauerte die Zubereitung dieses Gerichtes sehr lange Zeit. Es wurde in Töpfen gekocht, die mit Pergamentpapier abgebunden wurden, um den Dampf zu bewahren und alles weicher zu kochen. Dadurch wurde auch das spezifische Aroma des Gerichtes in großem Maße bewahrt.

Winzer – Lammfleisch (Vinogradarska janija)

500 g Lammfleisch, 150 g Zwiebeln,
200 g Möhren (gelbe Rühen),
150 g Pastinak, 200 g grüne Bohnen,
5–6 junge Weinrebenblätter,
150 g kleine junge Kürbisse,
1/8 l Weißwein,
150–200 g frische Tomaten,
1/2 Büschel Petersilie und Sellerieblätter,
1 scharfer kleiner Paprika,
50 g Selleriewurzel,
1 Eßlöffel gemahlener Paprika,
3–4 Paprikaschoten, 350 g Kartoffeln,
5–6 Pfefferkörner,
1–2 Lorbeerblätter,
Salz nach Geschmack 6 Eßlöffel Öl,
1 Eßlöffel Tomatenmark.
6 Personen

Das Fleisch waschen, in größere Würfel schneiden. In einen Topf Wasser gießen, das Fleisch, fein gehackte Zwiebeln, Pfefferkörner und Lorbeerblätter dazugeben, auf mäßigem Feuer alles zusammen kochen. Das übrige Gemüse putzen und in Scheiben oder Streifen schneiden. Dem Fleisch zuerst Möhren, Pastinak und grüne Bohnen zugeben. Die in breitere Streifen geschnittenen Weinrebenblätter, Öl und den gemahlenen Paprika beifügen, salzen und weich kochen. Etwas später die in größere Würfel geschnittenen Kartoffeln dazugeben. Zuletzt die Paprikaschoten geviertelt und die in dickere Stäbchen geschnittenen jungen Kürbisse dazugeben. Danach gibt man Weißwein, das Tomatenpüree, die geschnittenen frischen Tomaten, die zerhackten Petersilien – und Sellerieblätter, den Weinessig und den scharfen kleinen Paprika dazu. Alle diese Zutaten auf mäßigem Feuer kochen, bis sie gar werden.

Warm auftragen. Auch dieses Gericht kann man im Expreß-Kochtopf in kurzer Zeit ausgezeichnet zubereiten.

Lammfleisch mit Weinrebenblättern und Weißwein bereitet man vornehmlich in der Umgebung von Smederevo zu.
Smederevo ist durch die gute Qualität seiner Weintrauben und der Weine bekannt.

Lammfleisch – Kapama (Jagaješa kapama)

Das Fleisch waschen, in mittelgroße Stücke schneiden, etwas abtrocknen, dann in Mehl wälzen. Öl erhitzen, das Fleisch dazugeben, braten, bis es bräunlich ist, aus dem Öl herausnehmen und auf einen Teller legen. In das Öl die feingehackten Zwiebeln geben, andünsten, dann die kleingeschnittenen jungen Zwiebeln zusammen mit den grünen Stengeln beifügen und dünsten, bis sie weich sind. Auf die Zwiebeln das Fleisch legen, zusammen weiter dünsten, dann mit Wasser oder Brühe übergießen, Paprika, Salz, Pfeffer dazugeben und zugedeckt langsam gar werden lassen. Das Wasser soll verdampfen, die Zwiebeln und das Fleisch müssen aber saftig bleiben.

Zur Kapama wird saure Milch aufgetragen.

500 g Lammfleisch ohne Knochen, 6 Eßlöffel Öl, 250 g ganze Zwiebeln, 200 g (2 Bund) junge Zwiebeln, 50 g Mehl, 1/4 l saure Milch, Salz, Pfeffer, ungefähr 1/4 l Wasser oder Knochenbrühe.
4 Personen

Fleischlose Sarma (Posna sarma)

Den Kohl waschen, die abgelösten Kohlblätter mit siedendem Wasser übergießen.
Öl erhitzen, gehackte Zwiebeln dazugeben, ein wenig anrösten, in Würfelchen geschnittene Paprikaschoten und Reis dazugeben und zusammen dünsten. Bevor man mit dem Dünsten aufhört, Tomaten, Salz, Pfeffer, Petersilie und Rosinen dazugeben. Mit dieser Fülle werden die blanchierten Kohlblätter gefüllt, zusammengerollt und in eine Kasserolle geschichtet, etwas Wasser und Öl dazugießen und zugedeckt bei mittlerer Hitze kochen, bis das Wasser fast verdampft ist. (Es muß ein wenig Saft bleiben.) Die Sarma wird kalt serviert.

1 kleinerer Kohlkopf (ungefähr 500 g), 250 g Reis, 6 Eßlöffel Öl, 2 größere Zwiebeln, 4 Paprikaschoten, 250 g Tomaten, Salz, Pfeffer, Petersilie, 50 g Rosinen.
4 Personen

Gebackene Sarma aus Kohl
(Pečena sarma od slatkog kupusa)

1 frischer Kohlkopf (ungefähr 1 kg),
150 g Rauchfleisch ohne Knochen,
250 g junges Rindfleisch,
1 Ei, Salz, Pfeffer,
1 Eßlöffel Semmelbrösel,
50–60 g Tomaten, 6 Eßlöffel Sahne,
1 Eßlöffel Mehl, 2 Eßlöffel Öl.
4 Personen

Den Kohlkopf waschen, die Wurzel aushöhlen und mit kochendem Wasser übergießen, 15–20 Minuten stehen lassen. Während dieser Zeit das Rauchfleisch zerhacken, mit dem durch den Fleischwolf gedrehten jungen Rindfleisch vermengen, das Ei, Salz, Pfeffer und die Semmelbrösel dazugeben und gut vermischen. Mit dieser Füllung die Kohlblätter füllen und zusammenrollen. In eine Pfanne oder in eine feuerfeste Schüssel schichten, Wasser und Tomatensaft dazuschütten, bei mittlerer Hitze kochen. Wenn die Sarma fast weich ist, das Mehl mit der Sahne verrühren, über die Sarma gießen und in die vorgeheizte Röhre stellen und weich werden lassen. Warm servieren.

Auf dieselbe Weise wird auch Sarma aus Wirsing zubereitet.

Die Sarma kann als Vorspeise und als Hauptgericht serviert werden. Wenn sie nicht als Vorspeise aufgetragen wird, dann serviert man dazu Kartoffelpüree, geröstete Kartoffeln oder Pellkartoffeln. Im Frühling werden zur Zubereitung von Sarma auch Weinrebenblätter verwendet, solange diese noch ganz jung sind, ebenso auch Sauerampferblätter. Die Sarmafüllung besteht meist aus gemischtem durchgedrehten Fleisch mit verschiedenen Zutaten. Die jungen Weinrebenblätter werden auch konserviert (in Salzwasser), so daß man sie in den Wintermonaten verwenden kann.
Zu dieser Sarma wird saure Milch serviert.

Gebratenes Ferkel
(Pečeno prase)

Das geputzte Ferkel waschen, mit einer sauberen Serviette abtrocknen, salzen und 30–40 Minuten stehen lassen (das Ferkel soll auf dem Rücken liegen). Eine saubere Bierflasche in die Bauchhöhle legen und die

Bauchhöhle mit Zwirn zunähen. Das Maul öffnen und eine große Nuß oder einen Apfel hineinstecken. Das Ferkel mit Öl bestreichen, in die vorgeheizte Röhre auf einen Rost legen und bei etwa 180°C Hitze braten. Während des Bratens das Ferkel mit einem in Öl oder Bier eingetauchten Speckstück schmieren, denn davon hängt die Qualität der gebratenen Haut ab. Wenn die Ohren bräunlich werden, sollen sie mit Pergamenttüten geschützt werden. Das Ferkel soll während des Bratens ständig und ausgiebig übergossen werden. Die Bratzeit soll 2–3 Stunden dauern. Das gebratene Ferkel abkühlen lassen, dann mit der Bratenschere in Stücke schneiden. Das Ferkel kann kalt aufgetragen werden.

1 kleines Ferkel (etwa 3 kg) – für 10 Personen,
100 g geräucherter Speck,
6 Eßlöffel Öl, Salz,
1 größere Nuß oder 1 Apfel.
10 Personen

Mit Speck gebratenes Huhn (Pile pečeno u slanini)

Das Huhn putzen, waschen und salzen. Den Speck in dünne Scheiben schneiden. Das Huhn mit Speckscheiben belegen und mit weißem Garn zusammenbinden. Die Röhre vorwärmen, das Huhn in ein feuerfestes Gefäß legen, mit angewärmtem Öl übergießen, braten. Öfter mit warmem Wasser übergießen, damit genügend Soße vorhanden ist. Wenn das Huhn gebraten ist, die Sahne oder den gut verrührten jungen „Kajmak“ und Zitronensaft beifügen und zusammen kurz kochen. Das Huhn zerlegen und mit der Soße übergießen.

1 junges (etwas größeres) Huhn,
200 g geräucherter Speck,
1/8–1/4 l Sahne oder junger „Kajmak“,
Salz, Zitronensaft.
4 Personen

Gebackene Raschnitschi (Ražnjići)

Das Fleisch waschen, gut abtrocknen, in kleine, etwa 2 cm dicke Würfel schneiden. Jedes Stück klopfen, salzen und pfeffern. Die geputzten Zwiebeln in Scheiben schneiden. Auf Grillstäbchen abwechselnd das Fleisch und die Zwiebeln reihen. In eine Pfanne Fett geben,

500–700 g Schweinefleisch von der Lende
2–3 kleine Zwiebeln, Salz, Pfeffer,
Fett zum Backen.
4 Personen

erhitzen, die Grillstäbchen hineintun und so lange braten, bis das Fleisch schön bräunlich wird. Gleich auftragen.

Zu diesem Gericht wird Bier oder Weißwein oder Rotwein wie „Zupski rubin", „Plemenka" oder Wein aus Smederevo gereicht.

Tschewap
(Ćevap)

500 g Schweinefleisch von der Lende,
150–200 g geräucherter Speck,
250 g Rindfleisch (Filet),
2 kleine Zwiebeln, 2 Paprikaschoten,
Salz, Pfeffer.
6 Personen

Das gewaschene Fleisch in etwa fingerdicke Stücke schneiden. Die Zwiebeln in Scheiben schneiden, die Paprikaschoten gleichfalls. Einen großen Spieß mit Öl bestreichen, darauf je ein Stück gesalzenes, gepfeffertes und mit rotem Paprika bestreutes Fleisch, dann eine Zwiebelscheibe, den in Scheiben geschnittenen Speck, zuletzt eine Paprikascheibe abwechselnd aufspießen. Den so zubereiteten „Tschewap" in ein Blech legen und auf mäßigem Feuer braten.

Der „Tschewap" wird auch auf dem Rost zubereitet, am besten schmeckt er in der Natur, auf der Glut von Baumzweigen gegrillt. Die Spezialitäten vom Rost sind wegen ihres spezifischen Geschmackes bekannt. Verschiedene Gerichte vom Rost werden in ganz Jugoslawien zubereitet. Früher war man der Meinung, daß nur Weinrebenglut dem Spießbraten den besonderen Geschmack verleihen konnte. Heute kann man nur in kleineren Gasthäusern am Stadtrand den Geschmack der auf dem mit Holzkohle erhitztem Rost zubereiteten Spezialitäten kosten und die dazu gehörende Atmosphäre erleben.

Zu den Speisen vom Grill werden immer gehackte Zwiebeln aufgetragen, aber eine gute Zugabe ist auch die kleine scharfe Paprikaschote.

Jägerschnitzel mit roher Zwiebel (Levačke šnicle sa sirovim lukom)

400 g Schweine- oder Rindfleisch von der Lende, 3–4 Zwiebeln, Salz, Pfeffer, 50–60 g Fett oder Öl.
4 Personen

Das Fleisch waschen, in Schnitzel schneiden, klopfen, salzen und mit Pfeffer bestreuen. In einer Pfanne Fett erhitzen und darin die Schnitzel auf beiden Seiten braten. Die fertigen Schnitzel herausnehmen und in eine feuerfeste Schüssel abwechselnd die gehackten Zwiebeln und das Fleisch aufeinanderlegen (die letzte Schicht müssen Zwiebeln sein). Das Fleisch und die Zwiebel mit dem Bratfett übergießen, zudecken und am Herdrand etwa 20–25 Minuten ziehen lassen.

Die Schnitzel werden in der feuerfesten Schüssel aufgetragen.

Forelle in Kajmak (Pastrmka na kajmaku)

1 Forelle von 1–1 1/2 kg, 200 g „Kajmak", 1 kleinere Zwiebel, 1 Tasse Weinessig, Backfett.
4 Personen

Die Forelle putzen, waschen, mit etwas Zitronensaft beträufeln und in Stücke schneiden. In die Pfanne „Kajmak" geben und auf mäßigem Feuer erwärmen. Die gesalzenen Forellenstücke in Mehl wälzen, dann in den erwärmten „Kajmak" tauchen und in heißem Fett ausbacken. Inzwischen die Zwiebel putzen, kleinhacken und mit dem Weinessig vermischen. Die fertige Forelle auf eine Schüssel legen und mit den Zwiebeln und Essig übergießen. Den übrigen „Kajmak" wärmen und über die Forelle gießen.

In manchen Gegenden wird der Fisch, statt in Mehl, in Maismehl gewälzt. Dadurch bekommt man eine geschmackvolle Kruste. Man mischt auch roten Paprika in das Mehl.

Auf Reis gebratener Fisch (Riba pečena na pirinču)

Den Fisch putzen, waschen, mit ein wenig Zitronensaft beträufeln und stehen lassen. Inzwischen Öl erhitzen und

1 kg Fisch (am besten Zander),
2–3 Eßlöffel Öl,
2 kleine Zwiebeln, 200 g Reis,
1/2 bis 3/4 l Wasser, Salz, Pfeffer,
ein wenig Mehl,
ein wenig roter Paprika,
1/8 l Sahne, Zitronensaft.
4 Personen

darin die kleingehackten Zwiebeln rösten, den Reis dazugeben und zusammen kurz dünsten, mit warmem Wasser aufgießen und langsam kochen lassen. Den Fisch an einigen Stellen einschneiden und in mit rotem Paprika gemischten Mehl wälzen. In eine längliche Schüssel (feuerfest) einige Löffel Öl geben, darauf den Reis und auf den Reis den Fisch legen. Dann das Ganze mit einigen Löffeln Öl (nach Bedarf warmem Wasser) und der Sahne übergießen und in der Röhre kurz überbacken.

Karpfen mit Knoblauch (Šaran na belom luku)

1 größerer Karpfen,
5–6 Knoblauchzehen, 1 Bund Petersilie,
ein paar Sellerieblätter,
Pfeffer, Salz, 6 Eßlöffel Olivenöl,
Zitronensaft.
4 Personen

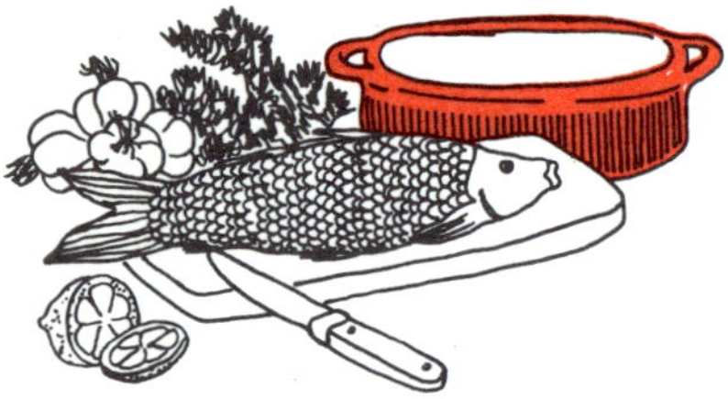

Den Fisch putzen, waschen, den Kopf abschneiden, mit Zitronensaft beträufeln, salzen und dicht nebeneinander tiefe Schnitte einschneiden, einige Zeit stehen lassen. Den geputzten Knoblauch, Petersilie und Sellerieblätter feinhacken, Salz und Pfeffer dazugeben, dann mit dem Öl und Zitronensaft vermischen und damit die Bauchhöhle des Fisches und die eingeschnittenen Stellen füllen. Den Fisch in eine feuerfeste Form geben und in der vorgewärmten Röhre braten lassen, dann eine Tasse warmes Wasser dazugießen. Während des Bratens den Karpfen häufig mit dem eigenen Saft begießen. Ungefähr 30 Minuten braten lassen.

Aiwar mit Meerrettich (Ajwar sa hrenom)

1 kg reife rote Paprikaschoten,
etwa 100 g geriebener Meerrettich,
6 Eßlöffel Öl, Salz,
Essig nach Geschmack.
4 Personen

Die Paprikaschoten waschen, die Samen entfernen und dann durch die Fleischmaschine drehen. Die Schoten in ein niedriges Gefäß geben und auf stärkerem Feuer so lange kochen, bis das Wasser verdampft ist. Wenn die Masse dick wird, Öl daraufgießen, weiter dünsten und dann salzen. Zuletzt den geriebenen Meerrettich und Essig nach Geschmack dazugeben, alles gut verrühren und kalt stellen. Das ist ein vorzüglicher Salat.

Auf die gleiche Art wird dieser Salat für den Winter zubereitet, nur dann in größeren Mengen.

Rettichsalat
(Salata od retkve)

Den Rettich gut waschen, schälen und fein reiben. Öl, Salz, Essig und Kümmel beigeben. Der Salat soll saftig sein.
Das ist ein Wintersalat. In Serbien wird er oft zum Schnaps, vor dem Essen, aufgetragen.

2 Rettiche mittlerer Größe (mit schwarzer oder weißer Haut), Salz, Kümmel, etwa 3 Eßlöffel Öl, Essig nach Geschmack.
4 Personen

Trockene Pitta
(Suva pita)

Den Teig von Mehl, etwas Öl, Salz und lauem Wasser zubereiten. Gut ausarbeiten, in kleinere Klöße teilen und stehen lassen (mit einer sauberen Serviette zudecken). Den Teig auswalken und in der Größe des Bleches ausziehen. Das Blech mit Öl bestreichen, dann 3 Blätter aufeinander legen, jedes mit Öl bestreichen.
Die Fülle auf folgende Art zubereiten:
Die Nüsse kleinhacken, mit den Rosinen, Zucker und Zimt vermischen und auf die Blätter streuen. Jedes Teigblatt mit heißem Öl bestreichen und mit Nüssen bestreuen und ins Blech legen. Obenauf müssen Teigblätter sein. Dann mit einem scharfen, in warmes Öl getauchten Messer Stücke schneiden und auf mäßigem Feuer backen. Die gebackene „Pitta" wird mit Zuckersirup übergossen. Den Zucker in ein Gefäß geben, das Wasser, den Saft von einer Zitrone und Vanille dazugeben und so lange kochen, bis es dick wie Honig wird. Den heißen Sirup über die „Pitta" gießen und sie eine kurze Zeit in der Röhre lassen, dann herausnehmen und auf eine Schüssel legen.

Teig:
500 g Mehl oder fertige Teigblätter, Salz, lauwarmes Wasser.
Fülle:
150–200 g Nüsse, 50 g Rosinen, Zitronenschale, Zimt, Zucker nach Geschmack.
Sirup:
250–300 g Zucker, 6 Eßlöffel Wasser, 1 Zitrone, Vanille.
4–6 Personen

Beograder Mandeltorte
(Beogradska torta sa bademima)

Die Dotter vom Eiweiß trennen und mit Zucker schaumig rühren. Die Mandeln kurz in heißes Wasser geben, schälen, trocknen und mahlen. Den Dottern abwechselnd

6 Eier, 120 g Zucker, 130 g Mandeln, 50 g Mehl.
Fülle:
4 Dotter, 100 g Zucker, Vanille, 30 g Maizena oder Gustin, etwa 1/2 l Milch, 250 g Butter.
10 Personen

Mehl, die gemahlenen Mandeln und den Schnee aus dem Eiweiß beigeben. Eine Tortenform mit Öl bestreichen, mit Mehl bestreuen und den Teig hineingeben. In der Röhre, die auf 175°C vorgewärmt ist, backen.
Die Fülle wird wie folgt zubereitet:
Die Dotter mit Zucker verrühren, Maizena und Vanille beimengen, dann unter ständigem Rühren heiße Milch dazugießen. Die Creme im Wasserbad so lange kochen, bis die Masse dick wird. Vom Feuer nehmen und kalt stellen. Die Butter schaumig rühren und die abgekühlte Creme darunter rühren. Die gebackene und abgekühlte Torte in drei gleiche Blätter schneiden und jedes Blatt mit der Creme bestreichen, dann die ganze Torte mit länglich geschnittenen Mandeln bestreuen. Bis zum Auftragen kalt stellen.

Fastenkuchen (Posni kolač)

200 g gemahlene Nüsse, 200 g Kristallzucker, 200 g Grießmehl, 1 1/2 Tassen Weißwein, 1 Teelöffel Zimt, 1 Teelöffel Backpulver.
4 Personen

Das Mehl mit Backpulver vermischen, die gemahlenen Nüsse, Zucker und Zimt beigeben und mit dem Wein gut verrühren. Das Blech mit Öl bestreichen, mit Mehl bestreuen, die Masse hineingeben und bei mäßiger Hitze backen. Den abgekühlten Kuchen mit einer Glasur aus Zucker und Zitrone übergießen oder nur mit Pulverzucker bestreuen.

Schito (Žito)

500 g Weizenkörner, 300 g Nüsse, 350 g Pulverzucker, Vanillezucker, etwas Rum, Muskatnuß, süße Sahne.
4 Personen

Die Weizenkörner werden in kaltem Wasser eingeweicht, das Wasser wird dann weggeschüttet, nun werden die Weizenkörner in frisches Wasser gegeben und müssen auf mildem Feuer 1–2 Stunden kochen. Dann wird der heiße Topf gut zugedeckt, in einen Korb, welcher mit Federkissen umgeben ist, gestellt und mit Kissen und Decken zugedeckt. 4–5 Stunden ruhen lassen.
Einfacher kann man die Weizenkörner auf folgende Art weich kochen:

Die Weizenkörner einige Stunden in Wasser einweichen. Dann im Expreß-Topf etwa 35 Minuten kochen, dann auskühlen, abseihen, mit kaltem Wasser waschen und gut abseihen. Den abgetropften Weizen zweimal durch die Fleischmaschine mahlen, mit den gemahlenen Nüssen, dem Pulverzucker, Vanillezucker, ein wenig geriebener Muskatnuß und dem Rum gut durchkneten. Diese Masse zu einem Ball formen und ihn mit gemahlenen Nüssen und Zucker bestreuen und ringsum Nußhälften hineindrücken. Die Sahne schlagen und in einer Glasschale zum „Weizen" servieren.

Gurabien aus Nisch
(Niške gurabije)

Das Fett schaumig rühren, 2 ganze Eier und 1 Dotter beigeben, Honig und Mehl mit Backpulver vermischt dazugeben und einen glatten Teig kneten. Vom Teig kleine Kügelchen machen, mit der Hand platt drücken und jedes Stück in der Mitte eindrücken. Auf ein ausgefettetes Blech geben und auf stärkerem Feuer (etwa 200°C) backen.

200 g Butter oder Schweineschmalz,
2 ganze Eier, 1 Eidotter,
3 Eßlöffel Honig,
etwa 300 g Mehl,
1/2 Päckchen Backpulver.
6 Personen

Diese Küchlein werden nicht gleich gegessen, je länger sie stehen, um so schmackhafter sind sie.

Weiße Halva
(Bela halva)

Vom Eiweiß festen Schnee schlagen, unter ständigem Rühren langsam Zucker beigeben, bis der Zucker schmilzt. Den Honig am Feuer erwärmen, den Schnee dazugeben. Etwa 20 Minuten auf kochendem Wasser rühren, bis die Masse dick wird. Dann abnehmen und die in größere Stücke geschnittenen Nüsse beigeben. Mit dieser Fülle Oblatenblätter bestreichen. Gleichmäßig mit einem Gewicht beschweren und am nächsten Tag schöne Stangen schneiden.

4 Eiweiß, 250 g Kristallzucker,
100 g Honig, 200 g Nüsse.
6 Personen

Die Halva kann auch als Glasur auf Kuchen dienen.

Kügelchen von getrockneten Pflaumen und Feigen (Kuglice od suvih šljiva i smokava)

**200 g getrocknete Pflaumen (ohne Stein), 150 g getrocknete Feigen,
100 g gemahlene Nüsse,
100–150 g Zucker,
Zitronensaft, etwas Rum.
4 Personen**

Die Pflaumen und Feigen mahlen, zuerst Zucker und dann die Nüsse, Rum und Zitronensaft beigeben, gut verrühren. Aus dieser Masse Kügelchen machen, im Kristallzucker wälzen und in Papiertellerchen legen.

Sava-Torte (Savina torta)

**6 Eier, 120 g Zucker, 120 g Butter,
2 Rippen Schokolade,
2 Eßlöffel gemahlene Mandeln,
2 Eßlöffel Semmelbrösel.
Fülle:
120 g Butter, 120 g Pulverzucker,
2 Rippen Schokolade, 2 Dotter,
6 Eßlöffel süße Sahne.
10 Personen**

Die Butter und den Zucker schaumig rühren, die Dotter und die geriebene Schokolade beigeben. Abwechselnd den Eischnee, die gemahlenen Mandeln und 2 Löffel Semmelbrösel dazugeben. Eine Tortenform mit Öl bestreichen und mit Mehl bestreuen, die zubereitete Masse hineinschütten und auf mittelstarkem Feuer backen. Die abgekühlte Torte in drei Böden schneiden. Die Fülle wie folgt zubereiten:
Die Butter schaumig rühren, den Pulverzucker, die geschmolzene Schokolade und 2 Eidotter beigeben, alles gut verrühren, die Sahne steif schlagen und die Creme langsam verrühren und die Tortenböden damit füllen. Ringsum mit geschlagener Sahne verzieren.

Süße des Orients

Einführung in die Mazedonische Küche

Obgleich man die Gerichte hier auf ähnliche Art zubereitet wie in Serbien und auch die Auswahl der Nahrungsmittel ähnlich ist, so sind doch gewisse Unterschiede hervorzuheben sowie Besonderheiten zu unterscheiden. In Mazedonien verbraucht man viel Milch, am häufigsten *Sauermilch*. Darum ist die hier aus Schafsmilch hergestellte Sauermilch – besonders die von *Lazaropolje* wegen ihrer Qualität weithin bekannt. Die Milch wird in besonderen Gefäßen aus Tonerde zum Säuern aufgestellt und dient als Zutat zu vielen Speisen, ja fast zu allen. Lamm- und Hammelbraten werden z. B. mit saurer Milch aufgegossen.

Die besten *Paprikasorten, Eierfrüchte* und *Kohlarten* gedeihen im warmen Klima von Mazedonien. Man bereitet daraus Salat oder Mussaka und Dschuwetsch zu. Als Wintervorrat wird Gemüse und Grünzeug *tursija* konserviert. Bekannt sind konservierte, *mit Käse gefüllte Paprikaschoten*. Sie werden in besonderen hölzernen Gefäßen – katschitza genannt – aufbewahrt. *Bamja* ist eine Gemüseart, die hier den verschiedenen Arten von Mussaka, Dschuwetsch und anderen Speisen beigefügt wird. Die Bamjas sollen auch Heilkraft besitzen. In der mazedonischen Küche nimmt man scharfe Paprikas als Gewürz; man gibt sie frisch oder getrocknet in verschiedene Gerichte, die davon pikanter werden, doch ist dies nur für Leute, die es ohne Tränen vertragen können. Die bekannten *Bohnen von Tetowo*, mit großen, weißen länglichen Samen, werden häufig als *Tawtsche* zubereitet.

Die Mazedonier sind als ausgezeichnete Bäckermeister bekannt, darum werden hier verschiedene gesalzene Mehlspeisen – *Lepinje, Pogaca* u. a. hergestellt. *Lepinje* werden mit Tschewaptschitschi, Käse und Kajmak serviert, *Dschewrek* wird mit Sesam bestreut.

Von den *Fischsorten* ist die *Ohrider Forelle* auf „Ohrider Art" zubereitet eine bekannte Spezialität. Auch der in Asche gebratene Aal ist berümt.

Von allen *Fleischsorten* gebraucht man am häufigsten Hammel- und Lammfleisch. Es wird oft zusammen mit Gemüse und Reïs zubereitet, da in Mazedonien auch Reis gedeiht.

Verschiedene *Spießbraten* und auf dem Rost gebratene Fleischgerichte sind auch in Mazedonien eine Spezialität.

Als erfrischendes Getränk serviert man *Boza.* Sie wird aus einem Gemisch aus Maismehl, Hefe, Zucker und lauwarmem Wasser, das man gären läßt, hergestellt. Man serviert sie kalt.

Unter den Süßigkeiten nehmen verschiedene Arten von *Alva* und *Rahatlokum* eine besondere Stelle ein.

Trockene Pittas mit Nüssen und Rosinen werden oft zubereitet. *Slatko* wird auch hier hergestellt, außerdem glasierte Früchte, Nüsse, Kastanien usw. Zu vielen Gerichten werden Kastanien genommen, denn in Mazedonien gibt es Kastanienwälder. In den späten Herbstmonaten und im Winter werden die Kastanien auf der Glut gebraten.

Spezialitäten aus Mazedonien

Kalte Sauermilchsuppe (Hladna čorba od kiselog mleka)

Die hartgekochten Eier, die Knoblauchzehen und den Dill kleinschneiden. Die Gurken schälen und in Würfel schneiden. In eine tiefe Schüssel die Eier, Dill, Knoblauch geben, Pfeffer, Paprikapulver und den in Hälften geschnittenen scharfen Paprika dazugeben und mit der Sauermilch alles gut verrühren. Kalt stellen.

1 l Sauermilch,
2–3 Knoblauchzehen,
2–3 Gurken, 2 Eier, etwas Dill,
Salz, Pfeffer, Paprikapulver,
1 kleiner scharfer Paprika.
4 Personen

Für die warmen Sommertage ist diese Suppe sehr bekömmlich, erfrischend und nahrhaft.

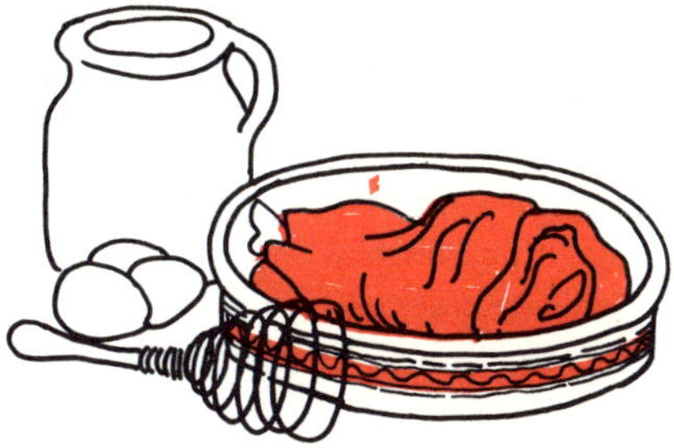

Joghurt Tava (Jogurt-tava)

Das Fleisch waschen, salzen und pfeffern, mit Öl übergießen, in eine feuerfeste Schüssel geben und zum Braten in die Röhre stellen. Während des Bratens häufig mit dem Saft begießen. Wenn das Fleisch weich ist, aus den Eidottern, Salz, Pfeffer, Paprikapulver und Sauermilch oder Joghurt mit der Zugabe von Eischnee einen Überguß machen und auf das Fleisch gießen, wieder in die Röhre geben und so lange weiterbraten, bis der Überguß fest wird. In der Bratschüssel auftragen.

1 kg Lammfleisch für Braten,
Salz, Pfeffer,
1/2 l Sauermilch (oder Joghurt), 3 Eier.
6 Personen

Teig mit Auberginen
(Pita od modrih patlidžuna)

250–300 g fertige Teigblätter,
500 g Eierfrüchte,
2 Eßlöffel Öl, Salz, Pfeffer, 3 Eier,
1/8 l Milch, Paprikapulver.
4 Personen

(Die Eierfrucht ist eine birnenförmige Frucht, innen fleischig; sie wächst in Jugoslawien und wird im Sommer zu vielen Gerichten verwendet.)
Das Blech mit Öl bestreichen, die Teigblätter in die Größe des Bleches schneiden, zwei davon auf das Blech legen und mit Öl bestreichen, dann die Fülle daraufgeben.
Die Fülle auf folgende Weise zubereiten:
Die geschälten Eierfrüchte in heißes Wasser geben und 5–10 Minuten kochen. Herausnehmen, abtropfen lassen und in kleine Würfel schneiden. In heißem Öl die Auberginenwürfel, Salz, Pfeffer und Paprikapulver dünsten. Wenn die Eierfrucht weich ist, abkühlen lassen, die gut verrührten Eier und die Milch (etwa 1 Tasse voll) beimengen und abwechselnd auf die Teigblätter gießen (je zwei Strudelblätter und eine Schicht Fülle). Vorher den Teig mit Öl bestreichen. Die letzte Schicht soll ein Teigblatt bilden, welches mit Öl bestrichen und mit Milch übergossen wird. Bei guter Mittelhitze schön braun backen. Den Teig etwas abkühlen lassen, dann in Stücke schneiden und auftragen.

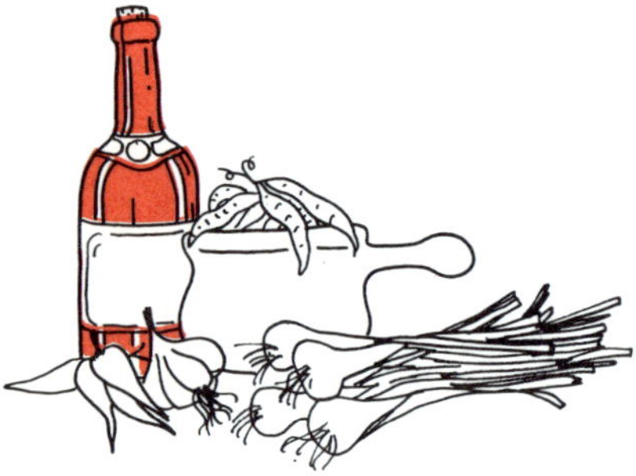

Tawtsche
(Tavče)

240 g weiße Bohnen,
300 g Zwiebeln, Öl, 1 Lorbeerblatt,
einige Knoblauchzehen, roter Paprika,
1 kleine getrocknete scharfe Paprikaschote.
4 Personen

„Tawa" ist ein irdenes Gefäß, „Tawtsche" ist eine kleine „Tawa".
Die gewaschenen und im Wasser eingeweichten Bohnen kochen. Wenn die Bohnen fast gar sind, abseihen und das Wasser aufheben. Die in feine Scheiben geschnittenen Zwiebeln in reichlich Öl dünsten, dann Pfeffer, roten Paprika und das Lorbeerblatt dazugeben. In ein irdenes Gefäß ein wenig Öl gießen, dann abwechselnd eine Lage Bohnen und eine Lage von den zubereiteten Zwiebeln hineinschichten, so daß die Bohnen die letzte Lage bilden. Dann mit Öl übergießen, die Knoblauchzehen, die

scharfe Paprikaschote und zuletzt das Wasser von den Bohnen daraufgießen und in die warme Röhre stellen. So lange backen, bis das Wasser verdampft ist und die Bohnen nur im Öl bleiben. Die Bohnen nicht umrühren, sondern das Gefäß von Zeit zu Zeit schütteln.

Zu diesen Bohnen werden im Winter in Essig konservierte Paprikaschoten oder Sauerkohlsalat aufgetragen.

Bamja
(Bamje)

500 g junge Bamjas,
2 Eßlöffel Öl, 1 Zwiebel,
4–5 reife Tomaten,
etwa 2–3 Knoblauchzehen,
150 g Reis, Öl für den Reis,
Petersilie.
4 Personen

In Mazedonien wächst ein spezifisches Gemüse, Bamja, mit sehr angenehmem Geschmack. Es ist eine längliche, gerippte Hülsenfrucht, die mit Härchen bedeckt ist. Wenn sie ausgewachsen ist, erinnert sie an grüne Paprikaschoten. Geschmackvoll ist Bamja als Einzelgericht, es ist auch eine ständige Zutat zum Dschuwetsch in Konserven. Die jungen Bamjas waschen, mit heißem Wasser übergießen, stehen lassen, daß sie weich werden und dann abseihen. In heißem Öl die kleingeschnittene Zwiebel dünsten, dann die geschälten, in Scheiben geschnittenen Tomaten, die gehackten Knoblauchzehen, Petersilie, Pfeffer und zuletzt die Bamjas dazugeben, zudecken und auf mäßigem Feuer etwa 20–30 Minuten dünsten. Zu den so zubereiteten Bamjas gekochten Reis, der mit Petersilie bestreut wird, servieren.

Bamja mit Lammfleisch
(Bamje sa jagnjetinom)

500 g Bamjas, 2 Zwiebeln,
400 g Lammfleisch ohne Knochen,
2 Eßlöffel Öl, Petersilie,
Salz, Pfeffer, roter Paprika.
4 Personen

Die geputzten Bamjas mit heißem Wasser übergießen, kurz stehen lassen, abseihen. Im warmen Öl die kleingehackten Zwiebeln und das in Würfel geschnittene Lammfleisch dünsten. Wenn das Fleisch ein wenig weich geworden und bräunlich ist, mit Mehl abstauben, ein wenig dünsten, dann Salz, Pfeffer und die Bamjas dazugeben, warmes

Wasser dazugießen und auf mäßigem Feuer zugedeckt garkochen. Wenn das Fleisch und die Bamjas weich sind, mit feingehackter Petersilie bestreuen.

Vor dem Auftragen mit Sauermilch oder Sahne übergießen.

Forelle von Ohrid (Ohridska pastrmka)

1 kg Forelle (möglichst eine so große),
1 l Weißwein, 1/2 l Wasser,
1 Büschel Grünzeug für die Suppe,
einige Pfefferkörner, Salz.
4 Personen

Wein und Wasser vermischen, das gewaschene, gereinigte und in Scheiben geschnittene Grünzeug dazugeben, kochen. Die Forelle reinigen, waschen, mit Zitronensaft einreiben, vorsichtig in das langsam kochende Wasser mit Grünzeug legen. Auf mäßigem Feuer etwa 25 Minuten kochen, dann vom Herd nehmen. Vorsichtig aus dem Topf nehmen, auf eine längliche Schüssel legen, mit gekochten Kartoffeln garnieren und mit einer sauren Soße (ein wenig gehackte Zwiebel, Senf, saure Gurken, Zitronensaft, Öl, Pfeffer und Salz) übergießen.

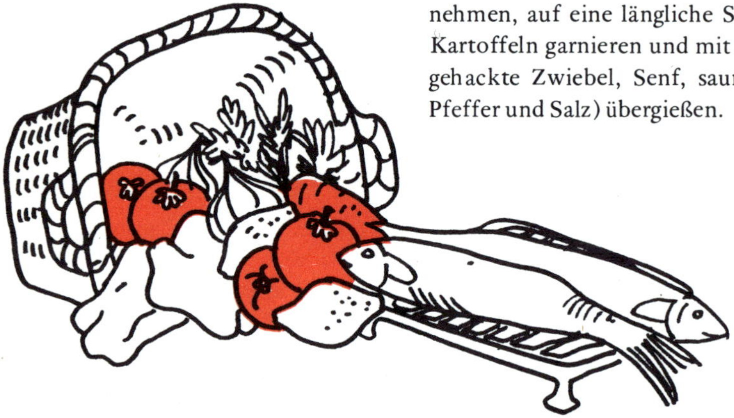

Forelle auf dem Rost (Pastrmka na žaru)

1 größere Forelle,
1 Zwiebel, 1 Tomate, 1 Paprikaschote,
Petersilie, Öl, Zitronensaft.
4 Personen

Die Forelle im kalten Wasser gut waschen, die Schuppen abschaben, die Flossen abschneiden. Die ganze Forelle (mit Eingeweide) auf dem Rost braten. Wenn die Forelle beiderseits gebraten ist, auf eine lange Schüssel legen, mit einem scharfen Messer den Rücken, vom Kopf bis zum Schwanz, durchschneiden und die Gräten und das Eingeweide entfernen. Die Forelle mit Salz und Pfeffer bestreuen. Die Fülle zubereiten: Zwiebel, Tomate, Paprikaschote und Petersilie kleinhacken und mit Salz und Pfeffer verrühren und die Forelle damit füllen. Mit heißem Öl und Zitronensaft übergießen, stehen lassen und kalt servieren.

Blätterteig mit Lauch (Pita od praziluka)

300–400 g fertige Teigblätter,
500 g Lauch, 2 Eßlöffel Öl,
150 g Reis, Salz, Pfeffer.
4 Personen

Den gewaschenen, gesalzenen und in Scheiben geschnittenen Lauch in Öl dünsten, wenn er gar geworden ist, pfeffern. Den gewaschenen Reis in Salzwasser kochen, dann abseihen und mit dem Lauch vermischen. Ein Blech mit Öl schmieren, ein Teigblatt darauflegen, die Seiten des Teigblattes nach innen drehen, mit Öl bespritzen und den mit Reis vermischten Lauch daraufgeben. Das wiederholen, bis die Teigblätter und der Lauch verbraucht sind. Das letzte Teigblatt mit Öl bespritzen, in die Röhre stellen und backen. Aufgetragen wird dieser Blätterteig warm mit Sauermilch.

Mazedonischer süßer Blätterteig (Makedonska slatka pita)

300 g Mehl, Salz, lauwarmes Wasser,
6 Eßlöffel Fett oder Öl.
Fülle: 1/2 l Schafsmilch,
3 Eier, 2–3 Eßlöffel Zucker, Vanille.
4 Personen

Aus durchgesiebtem Mehl, lauwarmem Wasser und Salz einen weichen glatten Teig kneten. In 4–5 Klöße teilen. Jeden Kloß rund auswalken und mit Fett bestreichen. Die ausgewalkten Teige aufeinanderlegen und diesen dicken Teig auf die Größe des Bleches auswalken. Das Blech mit Fett oder Öl schmieren, den Teig darauflegen, die Ränder aufrollen und einen Kranz um den Teig bilden. Mit einer Nadel den Teig an einigen Stellen durchstechen, mit Öl bespritzen, in die Röhre stellen und kurz backen.

Die Fülle getrennt zubereiten: Die ganzen Eier mit Zucker verrühren, und wenn die Masse glatt ist, die warme Milch unter fortwährendem Rühren hineinmengen. Diese Masse auf den Teig streichen, in die Röhre schieben und bei mäßigem Feuer backen, bis er bräunlich wird.

Apfelkuchen aus Skoplje (Skopska pita sa jabukama)

120 g Butter oder Margarine, 2 Eier, 70 g Zucker, 250 g Mehl, 70 g geschälte, gemahlene Mandeln, 1/2 Päckchen Vanillezucker, etwa 3 Eßlöffel Rum, 3 Eßlöffel Weißwein, Zitronenschale, 1 kg saure Äpfel, 120 g Zucker, 1/8 süße Sahne.
4 Personen

Aus dem durchgesiebten Mehl, Butter oder Margarine, Pulverzucker, Mandeln, Eiern und Zitronenschale schnell einen glatten Teig kneten und kaltstellen. Dann den Teig in der Größe des Bleches auswalken, etwa 2 cm dick. In der vorgewärmten Röhre backen. Den gebackenen Teig mit folgender Fülle bedecken:
Die Äpfel schälen, kleinschneiden, mit Zucker bestreuen, mit Rum und Weißwein übergießen, auf den Herd stellen und die Äpfel weich dünsten, dann kalt stellen. Den gebackenen Teig mit der abgekühlten Masse 2 Finger dick bestreichen.

Zuletzt die geschlagene süße Sahne auf den Kuchen geben, in viereckige Stücke schneiden und auftragen.

Dschewrek (Đevreci)

1/4 l Öl, 1/4 l Wasser, etwas Salz, 250 g Mehl, 5–6 Eier, „Sesam" oder Kümmel.
4 Personen

Öl, Wasser und Salz vermischen, auf das Feuer stellen und wenn es kocht, das Mehl beifügen, vom Feuer nehmen, gut rühren, bis die Masse gleichmäßig wird. Unter ständigem Rühren die Eier einzeln hineinschlagen. Das Blech mit Öl schmieren. Die fertige Masse in einen Spritzbeutel füllen, kleine Kreise machen und vor dem Backen die Kreise mit Wasser bestreichen und mit „Sesam" oder Kümmel bestreuen. In der vorgewärmten Röhre backen.

Die warmen Dschewreks sind sehr geschmackvoll und werden zum Tee oder zu Milch serviert. Am häufigsten werden sie mit Sauermilch gegessen.

Mit Käse gefüllte Paprikaschoten (Paprike sa sirom)

Zwanzig Paprikaschoten,
750 g Schafkäse,
3 Eier, 250 g Kajmak, Öl.
8–10 Personen

Die Paprikaschoten waschen, die Samenkörner entfernen. Den Käse gut zerquetschen und die Eier beifügen. Mit dieser Fülle die Paprikaschoten füllen. Ein feuerfestes Gefäß mit Öl ausschmieren und die Paprikaschoten nebeneinander hineinlegen. Auf jede Paprikaschote obenauf ein wenig Kajmak geben. In der vorher gut erhitzten Backröhre 50 Minuten backen.

Die auf diese Weise zubereiteten Paprikaschoten sind eine ausgezeichnete Vorspeise.

Mit Bohnenkernen gefüllte Paprikaschoten (Paprike punjene s pasuljem)

Zehn bis fünfzehn frische oder konservierte Paprikaschoten,
500 g Bohnen, 1/8 l Öl,
250 g Zwiebeln, roter Paprika,
ungefähr 1/8 l Wasser,
ein wenig Weinessig, Salz.
6 Personen

Die Bohnenkerne auslesen und weich kochen. Die gekochten Bohnen abseihen und das Wasser aufbewahren. Die Zwiebeln fein hacken und im erhitzten Öl anrösten, roten Paprika beifügen und mit den Bohnen vermengen. Die Paprikaschoten reinigen und mit dieser Masse füllen (ungefähr zwei Drittel hoch). Die restlichen Bohnen mit dem Weinessig und dem Kochwasser vermengen und in eine gefettete Kasserolle geben und darauf die gefüllten Paprikaschoten schichten. Das übriggebliebene Öl erwärmen, mit rotem Paprika vermischen und über die Paprikaschoten gießen. Nach Bedarf noch Bohnenwasser dazu gießen. In erhitzter Bratröhre braten, bis die Paprikaschoten schön rotbraun und weich werden. Während der Bratzeit das Gefäß mehrmals vorsichtig rütteln. Zu den auf diese Art zubereiteten Paprikaschoten serviert man Kohlsalat (von frischem Kohl oder Sauerkohl), Tomaten u. a. Diese Speise kann kalt oder warm aufgetragen werden.

Dieses schmackhafte Gericht kann sehr rasch hergestellt werden, wenn die Bohnen zuerst im Expreßkochtopf gar gekocht werden.

Käse und Lammfleisch

Die Montenegrische Küche und ihre Spezialitäten

Von den in diesem Teil unseres Landes gebräuchlichen Spezialitäten verdienen aus *Hammelfleisch* zubereitete Gerichte unsere besondere Aufmerksamkeit. Hammelfleisch und *Skorup* (ein Milchprodukt), kombiniert man oft mit *Polenta* und mit Kartoffeln. Käse mit gekochten oder gebratenen Kartoffeln oder mit Polenta schmeckt vorzüglich.

Die hier gebräuchlichsten Gemüse sind Kartoffeln und Kohl. Eine montenegrinische Spezialität, die unsere Aufmerksamkeit verdient, ist die *Kastradina* – ein Gericht aus geräuchertem Hammelfleisch, Kohl und Kartoffeln. Die Zubereitung dauert einige Stunden. *Kacamak* (Polenta) mit Käse und Kajmak, saure Schafmilch oder *Warenika* – süße Milch, Käse vom Berge Durmitor usw. – das sind sehr gute und für diese Gegend kennzeichnende Produkte.

Katschamak (Maisbrei) mit Käse (Kačamak sa sirom)

500 g Maismehl, 1 l Wasser, Salz,
500 g alter Schafkäse, 3 Eier, 50 g Fett.
6 Personen

Das Wasser aufsetzen, und wenn es kocht, Salz hinzugeben. Dann ins siedende Wasser das Maismehl einkochen, ständig rühren, um eine glatte Masse ohne Klümpchen zu bekommen. Den Maisbrei auf mäßigem Feuer ungefähr 30 Minuten kochen. Der Maisbrei soll fest sein, auf dem Grund des Gefäßes muß sich eine dünne Rinde bilden.

In das Gefäß, in dem der Maisbrei aufgetragen wird, ein

wenig Fett gießen, eine Schicht Maisbrei geben, dann mit Käse bestreuen. Über den Käse kommt Rührei von drei Eiern, dann wieder Maisbrei und wieder Käse. Die letzte Schicht muß Maisbrei sein. Reichlich mit Käse bestreuen und unmittelbar danach auftragen.

Katschamak wird auch in anderen Teilen unseres Landes zubereitet, es wird nur anders genannt (Polenta, Zganci usw.). In manchen Gegenden wird es anstatt Brot zum Essen serviert. Oft wird es verschiedenen Fleischspeisen (Gulasch) und Fischspeisen (Brodette) beigefügt. Mit Katschamak kann auch gedünstetes Gemüse oder Sauerkraut aufgetragen werden.

Lammfleisch in Milch gekocht (Jagnjeće meso kuvano u mleku)

1 kg junges Lammfleisch, Schafmilch, „Kajmak" (eine Art Rahm), Schafkäse, junge Zwiebeln, Salz.
6 Personen

Das Fleisch waschen, einsalzen, in eine Bratpfanne oder in ein Gefäß aus Jenaer Glas legen, mit Milch übergießen, so daß das Fleisch in der Milch „kocht". Das weichgekochte Fleisch herausnehmen und in Stücke schneiden. Zum Fleisch „Kajmak", alten Schafkäse und junge Zwiebeln auftragen.

In Montenegro ist es Sitte, ein ganzes junges Lamm, das noch nicht auf der Weide war, so zu kochen.

Kastradina (Kaštradina)

500 g Schafrauchfleisch, 1 Krautkopf, 100 g geselchter Speck, 1 Zwiebel, 500 g Kartoffeln, Salz, Pfeffer.
4 Personen

Das Schafrauchfleisch wird in warmem Wasser gut abgewaschen und zum Kochen angesetzt. Zum etwas durchgekochten Fleisch ein Stück geselchten Speck, die in Scheiben geschnittene Zwiebel, den reingewaschenen und in Viertel geschnittenen Krautkopf zusetzen, weiter kochen, bis das Fleisch weich wird. Kurz vor dem Ende der

Kochzeit geschälte und in Scheiben geschnittene Kartoffeln zusetzen, kochen, bis das Fleisch weich wird und das Wasser einsiedet.

Das fertige Gericht wird reichlich mit Pfeffer bestreut und aufgetragen.

Phantasie und Genuß-

Einführung in die Küche von Bosnien und der Herzegovina

Als Spezialitäten aus Bosnien und Herzegowina sollen in erster Linie die verschiedenen *Pittas* erwähnt werden, denn die Hausfrauen aus Bosnien und die aus Mazedonien und dem Kosmetgebiet fertigen außerordentlich dünne Teigblätter an, die zu Pittas verwendet werden. In Bosnien macht man häufig Pittas mit Gemüsefülle oder mit Gemüse als Zugabe.

Hammel- und Lammfleisch werden auch hier auf zahllose Arten zubereitet, ähnlich wie in anderen Teilen im Osten unseres Landes. In Herzegowina wird ein besonderes

Gericht aus Weizen, Milch und Geflügelfleisch zubereitet: *Herzegovatschki Tscheschkek.*

Auch in Bosnien wird häufig Sauermilch verwendet. Sehr oft wird sie zu Fleischspeisen serviert oder ihnen beigefügt, so z. B. zu den *Bosnischen Klößchen.*

Fleisch und Gemüse wird oft kombiniert und zusammen ins Kochgefäß gelegt und so gekocht. Von diesen Eintopfgerichten ist der *Bosnische Topf* oder die *Bosnische Kalja* typisch. Zur Zubereitung dieses Essens verwendet man verschiedene Gemüsesorten. Die Kochzeit dauert einige Stunden. In früheren Zeiten wurde dieses Gericht in Töpfen aus Tonerde zubereitet, die mit Pergamentpapier verschlossen und so in die Bratröhre geschoben wurden. Auch heute werden diese Gerichte noch oft und gern zubereitet, nur wird durch die Anwendung von Expreßkochtöpfen die Kochzeit auf 15–30 Minuten herabgesetzt.

Bosnien ist, so wie Serbien, bekannt für seine *Pflaumen* und seinen *bosnischen Sliwowitz.*

In Bosnien werden sehr süße Kuchen – *Baklawa, Datteln* und *trockene Pittas* – angefertigt. Bei allen diesen Süßigkeiten nimmt man viel Zucker, Nüsse oder Mandeln. Sie werden mit Zuckersirup übergossen, so daß diese Kuchen förmlich darin schwimmen.

Nach den sehr süßen Kuchen serviert man bitteren türkischen Kaffee. Er wird ohne Zucker gekocht oder „gebrannt", wie man in Bosnien zu sagen pflegt. Den Zucker serviert man extra in Würfeln. Der Kaffee wird in einem besonderen Gefäß, Dscheswa genannt, zubereitet und aufgetragen. Man trinkt ihn aus Täßchen ohne Henkel – Fildschan genannt; dazu wird im Glas Mineralwasser evtl. gewöhnliches Wasser gereicht.

Spezialitäten aus Bosnien und der Herzegowina

Bosnische Kalia mit Kohl (Bosanska kalja sa keljem)

400 g Schaffleisch (kann auch Schweinefleisch sein), 6 Eßlöffel Öl, 1 Zwiebel, 1 kg Kohl, 2–3 Tomaten, Salz, Pfeffer, 2–3 Knoblauchzehen, roter Paprika, ein wenig Mehl.
4 Personen

Das Fleisch waschen und in Würfel schneiden. Die Zwiebeln in Scheiben schneiden. Die Hälfte des Öls erhitzen, Zwiebel und Fleisch zusetzen und ein wenig andünsten. Den Kohl waschen, grobnudelig schneiden, mit heißem Wasser überbrühen, dann abseihen. Der Kohl wird mit dem Fleisch und der Zwiebel vermischt, die kleingehackten Knoblauchzehen, die in Scheiben geschnittenen Tomaten, Salz und Pfeffer hinzugefügt und mit warmem Wasser oder Knochenbrühe aufgefüllt. Die Kalja wird zugedeckt auf mäßigem Feuer gekocht. Ist das Fleisch weich, das übriggebliebene Öl erwärmen, Mehl zusetzen (das vorher geröstet wurde), roten Paprika hinzufügen, ein wenig Wasser zugießen und schnell durchkochen, der Kalia die Einbrenne zugeben und noch ein wenig kochen lassen. In die Kalja kann auch Milchrahm gegeben werden.

Bosnischer Topf (Bosanski lonac)

Das Fleisch waschen, in Würfel schneiden, die Zwiebeln in Scheiben schneiden oder hacken. Den Knoblauch von der Haut reinigen und ganz lassen. Die gelben Rüben, Petersilien- und Selleriewurzeln in Scheiben schneiden. Sellerie und Petersilie hacken. Das Kraut nudelig schnei-

400 g Schaffleisch,
2 Zwiebeln, 2 Knoblauchzehen,
2 Karotten, 1 Petersilienwurzel,
ein kleiner Kopf Sellerie,
1/4 Krautkopf, 150 g Kartoffeln,
100 g grüne Bohnen, 2 Paprika,
2–3 Tomaten, 1 kleinere Aubergine,
1 Lorbeerblatt, Pfefferkörner,
Petersilie, roter Paprika, Mehl,
etwas Öl oder Fett, 1/8 l Weißwein.
4 Personen

den, die Kartoffeln in Scheiben und die grünen Bohnen der Länge nach halbieren. Den Paprika vierteln und die enthäuteten Tomaten in kleine Stücke schneiden. Die Auberginen werden geschält, die Samen entfernt und in Würfel geschnitten.
Das vorbereitete Gemüse mit dem Fleisch vermischen, Paprika, Pfeffer, Salz, Lorbeerblatt hinzufügen, in einen größeren Topf geben und Wasser oder Wein zugießen, in dem Mehl verrührt wird. Öl dazutun und nach Bedarf noch ein wenig Wasser zusetzen. (3/4 des Topfinhalts soll Flüssigkeit sein.) Den Topf gut zudecken und das Gericht in der warmen Röhre in etwa zwei Stunden weich werden lassen.

Früher wurde dieses Gericht in größeren irdenen Töpfen zubereitet, mit Pergamentpapier eingebunden und im warmen Backofen gegart. Wenn das Gemüse und Fleisch in einen „Expreß-Topf" getan wird, dauert die Garzeit nur 25–30 Minuten.

Bosnischer Fleischkloß (Bosanske ćufte)

400 g Schaffleisch (kann auch junges Rindfleisch oder Rindfleisch sein),
knapp 1/4 l saure Milch, 2 Eier,
etwa 60 g Mehl,
30 g Butter,
2 Eßlöffel Öl, Salz,
Pfeffer, Kümmel.
4 Personen

Das Fleisch waschen, durch die Fleischmaschine drehen, ein Ei, Salz, Pfeffer, hinzufügen und gut vermischen. Von dem Fleisch kleine Bällchen (Klöße) formen, die in Mehl gewälzt werden. Diese werden in eine mit Fett ausgestrichene feuerfeste Form gesetzt und in der warmen Röhre gebacken. Inzwischen wird ein Ei verrührt, saure Milch, Butter und Kümmel hinzugefügt und damit werden die Klöße übergossen und noch ein wenig bei mäßigem Feuer gebacken.

Cufte ist ursprünglich ein arabisches Wort und bedeutet etwas Zerkleinertes. Da das Fleisch durchgedreht wird, hat es die Benennung cufte erhalten. Fleischklöße – cufte – werden auch in den übrigen Teilen unseres Landes zubereitet, sie unterscheiden sich nur den Zutaten nach voneinander.

Bosnisches Maisbrot
(Bosanska proja)

500 g Maismehl, 4 Eier, 1/2 l Milch,
2 Eßlöffel Kajmak
(eine Art Milchrahm), 1 Eßlöffel Fett.
4–6 Personen

In der Milch die Eier gut verrühren und das durchgesiebte Mehl darunterrühren. Ein größeres Blech gut mit Fett bestreichen, den Teig auf das Blech geben (er muß dünn liegen), mit Fett bespritzen und in der sehr heißen Röhre backen. Nach 20–30 Minuten ist das Maisbrot gebacken. Das fertige Maisbrot mit Kajmak bestreichen, in Würfel schneiden und warm servieren.

Bosnische Pitte
(Bosanska pita)

250 g Butter oder feine Margarine,
125 g Zucker, 250 g Mehl.
Fülle:
4 Eidotter, 250 g Zucker, 150 g Nüsse,
2 Eßlöffel Brösel, Zitronenschale,
ein wenig Rum. 6 Personen

Dem durchgesiebten Mehl Butter und Zucker zugeben und schnell einen glatten Teig kneten. Den Teig ein wenig an kalter Stelle liegen lassen, dann in zwei Teile teilen. Einen Teil des Teiges nach der Größe des Bleches (ein kleines Blech oder eine Tortenform) auswalken, das Blech mit Butter beschmieren und den Teig hineinlegen. Die *Fülle* wird wie folgt zubereitet:
Eidotter und Zucker schaumig rühren, gemahlene Nüsse und Brösel dazugeben, ein wenig Rum und Zitronenschale und zum Schluß den Eischnee darunter heben. Die Fülle wird auf das vorbereitete Teigblatt getan und mit dem zweiten Teil des Teiges bedeckt. Backen bei etwas stärkerem Feuer. Die gebackene Pitte reichlich mit Zucker, der mit Vanille aromatisiert ist, bestreuen und in Stücke schneiden.

Bosnische Kuchen
(Bosanski kolačići)

200 g Mehl, 1 Tasse Zucker,
1 Tasse Butter, 4 gekochte Eidotter,
1 Ei, 1 Tasse gemahlene Nüsse oder
Haselnüsse, Zitronensaft,
Nüsse oder Haselnüsse zum Bestreuen.
6 Personen

Dem durchgesiebten Mehl werden Butter, Zucker, die gut zerdrückten Eidotter, das ganze Ei, Nüsse oder Haselnüsse, Zitronensaft und ein wenig Zitronenschale zugegeben. Alles gut kneten, um einen glatten Teig zu bekommen. Auf einem Brett den Teig fingerdick auswalken, mit einem runden Förmchen Plätzchen ausstechen. Jedes Plätzchen mit Eiweiß bestreichen, mit geschnittenen

Nüssen oder Haselnüssen bestreuen und bei guter Mittelhitze backen.

Urmaschize (Urmašice)

250 g Butter, 2 Eidotter, 1 1/2 Tassen Milch, 250 g Mehl. 6 Personen

Die Butter ein wenig schmelzen, dann Eidotter und Milch dazugeben und etwa 20 Minuten gut rühren, dann Mehl dazugeben und gut durcharbeiten. Die Urmaschize werden so gemacht:
Vom Teig kleine Stückchen nehmen und zu Bällchen formen, die mit der Hand auf dem in Mehl getauchten Reibeisen in Form einer Dattel flach gedrückt werden.
Das Blech mit Butter beschmieren, mit Mehl bestreuen. Die Röhre vorher auf 180–200°C erwärmen. Backen bis die Urmaschize eine rötliche Farbe bekommen (25–30 Minuten).
Während die Urmaschize gebacken werden, wird ein Sirup zum Begießen vorbereitet:
Den Zucker mit dem Wasser übergießen, bei mäßigem Feuer kochen, bis sich Sirup bildet, etwas dünner als Honig. Zum Schluß soll dem Sirup Zitronensaft zugefügt werden. Wenn die Urmaschize gebacken sind, werden sie mit heißem Sirup übergossen und bleiben im Blech, bis sie den Sirup aufgesaugt haben.

Ähnliche Kuchen werden auch in Serbien und in Mazedonien zubereitet, nur unter einer anderen Benennung (Tatlije).

Bosnischer Sevdidžan (Bosanski sevdidžan)

250 g Zucker, 1 1/2 Tassen Wasser, 1 Stange Vanille, Zitronensaft.

Die Eidotter mit dem Staubzucker gut verrühren, die gelöste Butter und geriebene Zitronenschale und den Zitronensaft dazugeben. Alles gut rühren, um eine lockere Masse zu bekommen. Vom Eiweiß festen Schnee schlagen, dann abwechselnd Grieß, Mehl und den Eischnee dazugeben. Das Blech mit Butter beschmieren,

mit Mehl bestreuen und den Teig daraufgeben. Bei Mittelhitze (175° C) backen.
Während der Sevdidzan bäckt, wird folgender Guß zubereitet: In ein entsprechendes Gefäß Zucker geben, der mit Wasser übergossen wird, Vanille hinzufügen und kochen.

Den gebackenen Kuchen mit dem heißen Sirup übergießen, im Blech stehen lassen, bis er abkühlt, dann den Kuchen in kleine Würfel schneiden und kalt auftragen.

**4 Eier, 1 große Tasse Staubzucker,
1 große Tasse gelöste Butter,
Zitronensaft und Zitronenschale,
1 große Tasse Grieß, 4 Eßlöffel Mehl.
Zum Begießen: 250 g Kristallzucker,
1/4 l Wasser, 1 Stange Vanille,
Zitronensaft.
6 Personen**

Herzegowinischer Tscheschkek (Hercegovski češkek)

Den Weizen waschen, mit heißem Wasser übergießen, ihn gut abtrocknen lassen. Dann gut stoßen, um die Hülsen zu entfernen, ihn wieder waschen und kochen, bis er weich wird. Den gekochten Weizen abseihen. Das Huhn wird in Stücke geschnitten, mit kaltem Wasser aufgesetzt und zum Kochen gebracht. Wenn das Fleisch weich ist, die Knochen entfernen, das Fleisch in die Suppe zurücklegen und den Weizen dazutun, salzen und auf mäßigem Feuer weiter kochen (zeitweilig umrühren, damit der Weizen nicht anbrennt). Wenn das Wasser eingekocht ist, den Weizen mit Milch begießen, gut verrühren und aufwarten.

Das Wort Tscheschkek ist türkischer Herkunft. Diese Speise wird in der Herzegowina zu besonderen Festlichkeiten, so zu Ostern zubereitet.

**500 g Hühnerfleisch (es soll fett sein),
250–300 g Weizen,
1/8 l Milch, Salz, Wasser.
6 Personen**

Verzeichnis jugoslawischer Küchenbegriffe

AJWAR (Ajwar bedeutet auf türkisch Hawijar- bzw. Kawijar – konservierter Fischrogen, besonders vom Sterlet.) Heutzutage versteht man unter Ajwar einen Salat, der aus gebackenen, geschälten und durch den Fleischwolf gedrehten Paprikaschoten und Eierfrüchten hergestellt wird.

BAMJA (Hibiscus esculentus) ist eine Pflanze, deren grüne Frucht als Gemüse genommen wird. Ihrer Form nach erinnert die Bamja an eine kleine Paprikaschote, hat aber einen besonderen Geschmack. Bamjas züchtet man in Mazedonien, Bosnien und Herzegowina. Als Konserve kann man sie überall kaufen.

BOHINJER KÄSE wird in Slowenien am Bohinjer See erzeugt und entspricht dem Emmentaler Käse.

BOSANSKA KALJA SA KELJOM – Bosnische „Kalja" mit Kohl oder Wirsing. Kalja ist ein türkisches Wort und bezeichnet ein Kohl- oder Wirsinggericht, das mit Fleisch und Gewürzen gekocht wird.

BOSNISCHE DATTELN URMASCHITZE – (Urmasice) Urma heißt auf serbisch Dattel; Urmasice sind kleine Datteln oder Dattelplätzchen.
Diese Plätzchen werden also nicht aus Datteln hergestellt, wie ihr Name vermuten läßt, sondern heißen so ihrer Form und der Süße wegen.

BOSNISCHER KOCHTOPF (Bosanki lonac) ist ein Eintopfgericht, das man mit drei Fleischsorten, Suppengrün Gewürzen und Wein zubereitet.

BOSNISCHE TSCHUFTEN (Bosanske cufte) Tjufte ist ein arabisches Wort und bedeutet geschnitzt oder gehackt. Heute ist es in der serbo-kroatischen Sprache das Wort für Hackfleischklößchen.

DEVREK (Dschewrek) – kranzförmiges, gesalzenes Kleingebäck mit Sesam bestreut.

EPPICH (Apium graveolens), Sellerie, Zeller wird zur Zubereitung von Suppen, Soßen, Salaten usw. genommen.

FRITULE (ital. oder franz. vom Verb „frire" abgeleitet) – eine Art kleiner Kuchen, die im Fett ausgebacken werden.

GURABIJE (Gurabien) – kleine Plätzchen aus Honig oder Zucker, Mehl und Eiern.

HERZEGOWINISCHER TSCHECSH–TSCHEK (Hercegovacki ceskek) vom türkischer Wort Keschkek – ein althergebrachtes Gericht aus Weizen (oder Grieß, Reis u. a.) und Fleisch.

JANIJA (türkisch „Janija") ist ein Fleischgericht aus Lammfleisch, Spinat und Gewürzen.

KAJMAK ist ein türkisches Wort und bedeutet: Sahne und oberste Schicht. Er wird auf folgende Weise hergestellt: Die gekochte Milch wird zum Abkühlen in ein flaches, breites Gefäß gegossen, und wenn sie abgekühlt ist, abgesahnt. Die abgezogene Sahneschicht legt man in ein besonderes Gefäß und salzt sie. Am nächsten Tag legt man eine neue gekochte Sahneschicht darüber und salzt sie wieder. Das wiederholt man jeden Tag, bis man ein Gefäß von zwei bis drei Litern angefüllt hat. Den auf diese Weise gewonnenen Kajmak nennt man „jungen“ Kajmak und kann ihn gleich gebrauchen. Er ist weiß, mäßig gesalzen und mild. Wünscht man ihn aber für längere Zeit aufzubewahren, muß man ihn stärker salzen und gären lassen. Der „reife“ Kajmak ist gelb, salzig und hat einen starken Duft und Geschmack, der für Ausländer vielleicht etwas ungewöhnlich sein dürfte.

KAPAMA ist ein türkisches Gericht aus Lammfleisch mit Lauch oder jungen Zwiebeln reichlich gewürzt.

KASTRADINA – geräuchertes Hammel- oder Rindfleisch (Rippen und Keulen, Schlegel)

KATSCHAMAK (Polenta, Pura) Maismehlbrei

LIGANJ oder LIGNE (Kalamar – Octapod) ein Kopffüßler mit torpedoähnlichem Körper.

MAFISCH (Mafis–ungarisch) – eine Art Mehlspeise aus in Fett gebackenen Nudelteigstücken.

MUSSAKA ist eine türkische Speise aus Hackfleisch mit verschiedenen Gemüsen und Kartoffeln oder Reis zubereitet.
In alten Zeiten war es wohl so, daß man die Mussaka aus mehreren Gemüsesorten zubereitete. Heute macht man die Mussaka von Eierfrüchten mit Hackfleisch oder von jungen Kürbissen. Man nimmt höchstens zwei Gemüsesorten, legt eine Schicht Hackfleisch, dann eine Schicht Gemüse mit Rührei übergossen in den Topf usw.

NEUGEWÜRZ (Fructus Pimentae – engl. allspice) dem Pfeffer ähnliche Körner mit glatter Oberfläche und starkem Duft und Geschmack. Man nimmt ihn als Würzzutat bei der Herstellung von Leberpastete, Fleischkonserven, pikanten Soße u. a.

PAGER KÄSE (von der Insel Pag) entspricht seiner

Konsistenz und Qualität nach dem Parmesan; das ist eine harte Käsesorte, die sich gut auf dem Reibeisen reiben läßt.

PANADA – eine Art Brotsuppe.

PAPAZJANIJA (Papas janija – popova janija – die Janija des Popen) Das ist ein Fleischgericht aus jungem Lammfleisch mit verschiedenen Gemüsesorten.

PASTERNAK (Pastinaca sativa), Pastinak, Hammelmöhre ist eine Pflanze mit kennzeichnendem Geruch. Die gelblich-weiße Wurzel wird als Zutat zu verschiedenen Suppen genommen.

PITTE (Pita) – dünner, gezogener Strudelteig mit verschiedenen Füllen und in der Röhre gebacken. (Die Teigblätter können gefüllt und dann aufgerollt werden oder mit der Fülle abwechselnd geschichtet werden.

POPARA – aus altbackenem Brot und Wasser gekochter und abgeschmalzener Brei.

PRAZILUK (Allium porrum), Porree, Lauch. Eine der Zwiebel verwandte Art, deren Schäfte zu Gemüse- und Fleischspeisen genommen werden.

PRISNAC (prissnatz) eine Art Gebäck.

PROJA – Maisbrot.

QUARK verwendet man, wenn es im Rezept heißt: weichen Käse nehmen.

SAHNE: Zur Herstellung gesalzener Gerichte nimmt man saure Sahne, bei Süßspeise dagegen süße.

SAURE RÜBEN werden ähnlich wie Sauerkraut zubereitet. Hergestellt werden sie folgendermaßen: Die geschälten und gewaschenen Rüben werden fein geraspelt und eingesalzen. Man gibt sie in einen irdenen Topf und deckt sie mit einem Holzdeckel, der etwas kleiner ist als der Rand des Gefäßes, zu, beschwert ihn mit einem Stein und läßt die Rüben gären. (In der warmen Küche dauert es etwa acht bis zehn Tage.)

SCHITO (serb. Zito oder Koljivo) – eine aus gekochtem und gemahlenem Weizen mit Zucker und gemahlenen Nüssen und verschiedenen Gewürzen hergestellte Süßspeise. Diese althergebrachte und sehr aromatische, schmackhafte Nascherei wird heute in Konditoreien verkauft. In Familien, die sich an Traditionen halten, wird es zu Hause zubereitet und bei Beerdigungen und „Slawas" angeboten. Die „Slawa" ist der Brauch, einen Heiligen aus dem orthodoxen Kalender als Hauspatron zu feiern.

SESAM – eine Ölpflanze.

SEVDIDZAN ist ein türkisches Wort und bedeutet Liebeskuchen (von Sevdah – Liebe). In mosleminischen Gegenden ist es heute noch Sitte, den jungen Eheleuten in der Hochzeitsnacht eine Kuchenplatte mit verschiedenen Kuchen in ihr Schlafgemach auf den Tisch zu stellen.

VLASAC (mlat. ascalonium; fr. echalotte) – Eschlauch ist eine Zwiebelart, die in Serbien oft verwendet wird.

Speisekartendolmetscher

Bademi (báhdemi) – Mandeln
Biber (bibber) – Pfeffer
Boranija (boránija) – Grüne Bohne
Breskve (bréskwe) – Pfirsiche

Čaj (tschai) – Tee
Čorba (tschórba) – Suppe
Ćurka (tschúhrka) – Truthenne
Cvekla (zwékla) – rote Rübe

Đigerica (dschigeritsa) – Leber

Govedina (gówedina) – Rindfleisch
Grašak (gráhschak) – Erbse
Grożdje (grohschdsche) – Traube, Weintraube

Hleb (chlebb) – Brot
Hren (chrenn) – Meerrettich

Jagnjetina (jágnjetina) – Lammfleisch
Jaje (jáje) – Ei
Jagode (jágode) – Erdbeeren

Karfiol (karfióhl) – Blumenkohl
Kajsije (kaißije) – Aprikosen
Kečiga (kétschiga) – Sterlet
Kiselo mleko (kíßelo mlehko) – Sauermilch
Kolač (kólatsch) – Kuchen
Krastavac (krástawats) – Gurke
Krompir (krómpihr) – Kartoffel
Krvavica (kírwawitza) – Blutwurst
Kupus (kúppus) – Kohl, Kraut

Lešnici (léschnitsi) – Haselnüsse
Lignji (lígnji) – Kalmar

Maline (máline) – Himbeeren
Mast (mahst) – Fett, Schmalz
Meso (méhßo) – Fleisch
Mleko (mlehko) – Milch
Mozak (móhsak) – Hirn, Gehirn

Orasi (órasi) – Nüsse
Oslić (oßlitsch) – Merlucius (lat.), eine Art Kabeljau
Ovčetina (oftschetina) – Hammelfleisch

Paprika – Paprika
Paradajz (paradaís) – Tomate
Pastrmka (paßtrimka) – Forelle
Pasulj (páßul) – Bohne
Pavlaka (páwlaka) – Sahne
Pečenje (pétschehnje) – Braten

Pečurke (pétschuhrke) – Pilze
Peršun (pérschun) – Petersilie
Piletina (píhletina) – Huhn
Pirinač (pírinatsch) – Reis
Pivo (pihwo) – Bier
Plavi patlidžan (plahwi patlítschahn) – Eierfrucht
Plod (plohd) – Frucht
Povrće (pówirtsche) – Gemüse
Prasetina (prássetina) – Spanferkel
Pršuta (pírschuta) – Rauchfleisch

Rakija (rákija) – Schnaps, Branntwein
Riba (ríba) – Fisch
Roštilj (róschtil) – Rost; pečen na roštilju – auf dem Rost gebraten
Rotkovice (róttkwitse) – Radieschen

Salata (ßaláta) – Salat
Šaran (scháran) – Karpfen
Sardina (ßardína) – Sardine
Šargarepa (schargaräpa) – Möhre
Sir (ßihr) – Käse
Sirće (ßirtsche) – Essig
Škembići (schkémbitschi) – Kuttelfleck
Skuša (skuscha) – Makrele
Sladoled (ßládolet) – Eis
Slanina (ßlánina) – Speck
Šljive (schljiwe) – Pflaumen
Smokve (ßmókwe) – Feigen
Smudj (ßmúhdsch) – Zander
So (ßoh) – Salz
Sočivo (ßótschiwo) – Linse
Som (ßom) – Wels
Štuka (schtuhka) – Hecht
Švargla (schwargla) – Schwarte, gefüllter Schweine-magen

Teletina (téletina) – Kalbfleisch
Testenine (téhstenine) – Teigwaren
Trešnje (tréschnje) – Kirschen
Tunjevina (túnjewina) – Thunfisch
Turska kafa – Türkischer Kaffee

Ulje (úhlje) – Öl

Varivo (wáriwo) – Gemüsebeilage (zum Fisch)
Vino (wíno) – Wein
Višnje (wíschnje) – Sauerkirsche
Voće (wótsche) – Obst
Voćni sok (wótschni ßohk) – Fruchtsaft Obstaft

Začin (sáhtschin) – Gewürz
Zubatac (súbatats) – Zahnbrasse

Bekannte Restaurants

BEOGRAD	Restaurant „Marš na Drinu", Cara Dušana 66	„Artilleriesalve"
	Restaurant „Dušanov grad", Terazije 4	Zar Dušans Pfeil
	Cafe „Tri šešira", Skadarska 29	„Onkel Blagoje's Spezialität"
	Restaurant „Dva jelena", Skadarska 32	Paprikaschoten aus Leskovac
	Restaurant „Šumatovac", Makedonska 33	Serbische Spezialitäten
	Restaurant „Srpska kafana", Lole Ribara 25	Serbische Spezialitäten
	Restaurant „Madera", Bulevar revolucije 49	Serbische Spezialitäten
	Restaurant „Devetka", Košutnjak, Kneza Višeslava 25	Maisbrot mit Käse Serbische Spezialitäten
	Restaurant „Kumbara", Avalski drum 12. (12 km von der Stadtmitte entfernt)	Auf dem Rost gebackene kleine Krapfen – „Uštipci"
LJUBLJANA	Restaurant „Urška", Privoz 11	Urškas Gibanitza
	Restaurant „Slonova klet", Titova 10	Gefüllte Spanferkelkeule
	Restaurant „Zlatorog", Zupančičeva 9	Reh auf orientalische Art
	Cafe „Maček", Cankarjevo nabrežje 15–17	Muscheln, Tintenfische
	Cafe „Vitez", Breg 18–20	Bärenschinken, Bärenpfoten
SARAJEVO	Restaurant „Drina", Halči 6	Bosnische Küche
	Cafe–Restaurant „Hamam bar", M. Tita b. b.	Bosnische Küche
	„Zlatni Restaurant" – Centar Skenderija – Miće Sokolovića b. b.	Bosnische Küche
	Restaurant „Kvarner", M. Tita 12	Fisch (Spezialitäten)
	Restaurant „Vrelo Bosne", Ilidža	Fisch (Spezialitäten)
SKOPJE	Restaurant „Ognjište", Grand Hotel Skopje	Mazedonische Spezialitäten
	Restaurant „Palister", Trg Maršala Tita 50	Volkstümliche Gerichte
	Restaurant „Manastir Sv. Pantelejmona" in Nerezi (Klosternerberge)	Bohnengericht auf mazedonische Art
TITOGRAD	Restaurant Hotel „Crna Gora"	Montenegrinische Spezialitäten
	Restaurant Hotel „Podgorica", Morača–Ufer	Volkstümliche Gerichte

ZAGREB	Restaurant „Gradski podrum", Trg Republike 10	Verschiedene auf dem Spieß gebratene Spezialitäten
	Restaurant „Lovački rog" (Jägerhorn), Ilica 14	Spezialitäten aus Zagorien
	Restaurant „Taverna rustica", Mihanovićeva 1	Verschiedene volkstümliche Gerichte
	Restaurant „Pod mirnim krovom", Fijanova 7	Spezialitäten aus Zagorien
	Restaurant „Plitvice", Ilica 49	Spezialitäten aus Lika
KROATIEN	Poreč – Restaurant des Hotels „Neptun"	Seefische
	Pula – Restaurant des Hotels „Rivijera"	Volkstümliche Gerichte
	Rovinj – Restaurant des Hotels „Crveni otok"	Spezialitäten a la Crveni otok
	Opatija – Restaurant des Hotels „Ambassador"	Spezialitäten von Hummern und anderen Krebsen
	Rab – Restaurant des Hotels „Imperijal"	Fischspezialitäten
	Zadar – Restaurant „Dalmacija"	Seefische
	Hvar – Restaurant des Hotels „Adriatic"	Dalmatinische Küche
	Split – Schiftstrestauran „Dioklecijan", Strossmayerufer	Fischspezialitäten
	Makarska – Restaurant „Obala"	Seefische
	Dubrovnik – Restaurant des Hotels „Adriatic"	Dalmatinisches Rauchfleisch – „pršuta"
	Karlovac – Restaurant des Hotels „Korana"	Forellen
	Plitwitzer Seen – Restaurant des Hotels „Plitvice"	Forellen
SERBIEN	Kladovo – Restaurant des Hotels „Djerdap"	Donaufischspezialitäten
	Kragujevac – Restaurant „Balkan", Maršala Tita 102	Spezialitäten vom Rost
	Leskovac – Restaurant des Hotels „Beograd", Trg Maršala Tita b. b.	Spezialitäten aus Leskovac
	Niš – Restaurant „Stara Srbija", Trg oslobodjenja 3	Serbisches Dschuwetsch (Srpski djuveč)
	Novi Sad – Restaurant des Hotels „Festung Varaždin"	Fischspezialitäten
	Subotica – „Mala gostiona", Palić	Holzteller
	Zlatibor – Restaurant des Hotels „Palissade"	Volkstümliche Gerichte
	Peć – Restaurant des Hotels „Metohija", Maršala Tita 38	Volkstümliche Gerichte
	Titovo Užice – Restaurant „Era"	Braten vom Holzklotz
SLOWENIEN	Murska Sobota – Restaurant „Drina", Titova 29	Schweinespezialitäten aus Prekmurje
	Novo mesto – Restaurant des Hotels „Grad Otočec", Ob Krki 50	Aufgespießter Ritterbraten
	Nova Gorica – Restaurant „Sterk", Ajševica 13	Bachkrebse (Krabben)

Verzeichnis der deutschen Rezeptnamen